상처 입은 세상, 고통받는 사람들 곁으로

IVP(InterVarsity Press)는
캠퍼스와 세상 속의 하나님 나라 운동을 지향하는
IVF(InterVarsity Christian Fellowship)의 출판부로
생각하는 그리스도인을 위한 문서 운동을 실천합니다.

Originally published by William Carey Library
as *Challenge & Crisis in Missionary Medicine* (out of print) by David Seel
ⓒ 1979 by David J. Seel
Translated by permission of David Seel
All rights reserved.

Korean Edition ⓒ 1997, 2024 by Korea InterVarsity Press
156-10 Donggyo-ro, Mapo-gu, Seoul 04031, Republic of Korea

상처 입은 세상, 고통 받는 사람들 곁으로

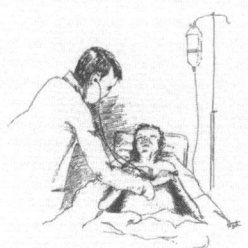

예수병원의 아버지 설대위 선교사가 전하는
기독의료의 역사와 철학,
그 도전과 위기

설대위 David J. Seel
김민철 옮김

Ivp

차례

초판 서문 7

초판 머리말 10

한국어판 머리말 12

옮긴이 서문 15

1 ─── 딜레마 17

2 ─── 왜 기독 병원인가? 33

3 ─── 의료선교의 철학 45

4 ─── 신앙과 과학을 초월한 진리 63

5 ─── 인간의 가치를 보존하는 보고(寶庫) 83

6 ─── 그리스도의 으뜸 되심에 대한 증거 101

7 ─── 사랑으로 연합된 생활 방식 115

8 ─── "내가 여기 있다는 걸 아는 사람이 있나요?" 125

9 ─── 비판적 의견 141

10 ─── 파라클레시스 157

부록 1 ─── 그리스도인 의사의 열 가지 신조 179

부록 2 ─── 상처 입은 세상의 상처 입은 치유자들 193

부록 3 ─── 예수병원 이야기 205

저자 약력 218

일러두기
책에 실린 삽화는 초판 출간 당시 설대위 선교사의 큰딸 설지희(Jennifer Seel Chromartie)가
원고를 읽고 그린 것이다.

초판
서문

얼마나 명백한가! 의료와 선교는 신발과 발처럼 서로 연결되어 있다. 예수님도 이 둘을 함께 묶으셨다. 그는 팔레스타인을 두루 다니시며 가르치시고 전파하시며 온갖 질병을 치유하셨다. 나환자들이 머뭇거리며 그분 앞에 나아와서는 깨끗해져 달려 나갔다. 눈먼 자들이 길을 더듬으며 그에게 다가왔다가 눈을 뜨고 떠나갔다. 듣지 못하던 사람들이 그의 목소리를 들었다. 예수님의 동생 야고보는 영혼과 육신을 함께 치료해야 함을 강조했다. "너희 중에 병든 자가 있느냐? 그는 교회의 장로들을 청할 것이요, 그들은 주의 이름으로 기름을 바르며 그를 위하여 기도할지니라"(약 5:14). 사역과 의료(기도와 기름)는 좋은 동반자다. 하나님이 짝지어 주신 것을 사람이 나누어서는 안 된다.

얼마나 간단한가! 특히 오늘날 우리에게는. 이전 시대에는 그리스도의 사람들이 초라한 치료법의 한계 때문에 어려움을 겪었지만 이제 우리는 기름을 바르는 차원을 훨씬 넘어섰다. 현대 의술은 100년 전에는 존재조차 몰랐던 질병을 치료한다. 나아가 우리는 우리 문화에 비해 덜 발달한 문화권에 복음을 전할 때, 서양 의학의 이점도 함께 제공한다. 더 이상 우리가 나환자, 눈먼 자, 열병 환자, 절름발이를 만질 필요도 없다. 그 대신 우리는 병원을 세우고, 기계를 설치하고, 병자를 진료하여 치료할 수 있다.

얼마나 악하게 변해 가는가! 개발도상국들은 현대 의료의 가장 좋은 점뿐 아니라 가장 나쁜 점도 받아들인다. 우리가 알다시피 기술이 순수한 혜택만은 아니다. 거대한 기계들은 미국의 병원을 값비싼 치료 공장으로 만들었다. 환자가 병원 접수 창구에 한 인격체로 도착하면 전문의는 그를 301호실의 담낭 케이스로 바꾸어 놓는다. 의사들은 침대 발치에 서서 의무 기록을 읽고 검사를 지시한다.

그리스도인들은 여러 나라에 건강을 가져다주는 일과 하나님의 이름으로 그 나라에 서구의 과학기술과 전문 기술자를 파견하는 일을 순진하게 동일시할지도 모른다. 예수님은 자신의 병원에서 실종되셨을 수 있다. 그리스도를 따르는 자들이 세운 바로 그 병원에서, 노골적이거나 교묘한 무수한 압력들이 그리스도를 바깥으로 내몬다. 의료는 남고, 사역은 사라진다.

이 점이 이 책의 핵심이며, 왜 이 책이 중요한지를 설명해 준다. 설대위David J. Seel 선교사는 한국 땅에서 외과 의사로 그리스도를 섬기고 있지만, 이 책에서 다루는 주제는 전 세계로 확장될 수 있다. 어떤 사역에서나, 신발이 발에게 어떻게 자라야 한다고 말하기는 얼마나 쉬운가. 설상가상으로, 이미 절단되고 없는 발을 위해 더 훌륭하고 더 정교한 신발을 만드느라 얼마나 많은 노력이 허비되고 있는가.

해돈 로빈슨●
(1979년)

● Haddon W. Robinson, 1931-2017. 고든콘웰 신학교 설교학 석좌교수. 설교학의 대가이자 탁월한 설교자로 영향력 있는 인물이었던 해돈 로빈슨은 기독의료협회(Christian Medical Society, 현 CMDS의 전신) 사무총장으로도 섬기며 저널 편집을 맡은 바 있다.

초판
머리말

이 책이 나오기까지 많은 손길과 마음이 함께했다. 나는 우리 병원의 단체 생활에서 여러 경험과 대화를 끌어 왔는데, 그 과정에서 내 안의 생각들을 정교하게 다듬는 데 명백하게 공헌한 아이디어와 확신들을 제공해 준 팀원들의 이름을 밝히지는 않았다. 이 책의 논지를 발전시키는 데 도움이 된 참고 자료를 저술한 모든 이들에게도 감사의 말을 전하고 싶다.

내 바람은 기독 의료 사역의 도전과 딜레마가 전 세계적 맥락에서 제대로 이해되는 것이다. 의심할 바 없이, 이 사역에서 더 널리 여행한 이들은 세계의 다른 지역에서 의료선교와 사역을 하며 얻은 더 폭넓은 통찰을 제공할 수 있을 것이다. 한국에서 일한 나의 책무는 그런 거시적 안목을 가로막는다. 그러나 나는 확신한다. 우리가 어떻게 하면 긍휼의 사역에서 신실하게 그리스도를 따를 수 있을지 분별하는 것은 어디서나 하나님 백성의 관심이 필요한 문제다.

한국에서 우리와 함께 한 달을 보내며 원고를 검토해 준 「시카고 트리뷴」지의 찰스 파빈 씨에게 특별히 감사를 전한다. 그는 편집과 관련하여 유용한 비평과 개선점을 많이 제공해 주었다. 내 아내의 격려와 속기 능력에는 언제나 감사할 수밖에 없다.

그리스도의 사랑에 감화되어 그의 파라클레시스에 참여하는 모든 이에게 이 책을 바친다.

설대위
(1979년)

한국어판 머리말

치유 사역에 관한 이 책이 영어로 출간된 지 17년이 지났음에도 한국어로 번역되어 새로이 서문을 쓰게 된 것을 무한한 영광으로 생각한다. 또 엄청난 과학의 발달이 의학에도 영향을 미쳐, 한국 의료가 진보하고 한국 사회가 괄목할 만한 경제 발전을 이루었음에도 불구하고 내가 설정한 전제들을 여전히 가치 있는 것으로 신뢰해 주는 제자들, 동료들 그리고 그리스도인 형제자매들이 있다는 사실에 감개무량하다.

나는 감히, 이 시대는 건강관리의 기술 면에서 예전보다 훨씬 진보했지만 그럼에도 불구하고 치유 사역의 뿌리를 찾는 일이 여러 가지 면에서 이전보다 더욱 절실하게 요구된다고 주장하고 싶다. 역사적으로 한국에서 예수의 이름으로 행해진 이 긍휼의 사역은 복음 선포의 최전방에 섰을 뿐만 아니라 전문적인 교육을 증진시키고 첨단 과학을 발전시키는 데 크게 기여해 왔다. 전 국민 보험 시대가 열리고, 경제 발전을 이루고, 거대한 공단들이 들어서면서, 기독 병원들은 건강관리 제공 체계에서 어떤 특별한 역할을 하는 쪽으로 조정을 하지 않을 수 없게 되었다. 그러나 그렇다고 해서 그 중심 목적이 변화한 것은 아니다. 위대한 의사이신 예수님의 본을 좇아 수없이 많은 제자들의 삶을 통해 그렇게도 밝게 타올랐던 불이 꺼지도록 두어서는 안 된다. 그 불은 새 세대의 제자들을 통해 다시 타올라야 한다. 그리스도의 사랑은 예나 지금이나 영원토록 이들의 가슴속에 살아 있어 치유의 손길을 애타게 갈망하는 다른 사람들의 삶을 감화하고 있다.

우리는 기독 병원이 하나님의 성품을 드러내는 장(場)이 되어야 한다고 믿는다. 예수님이 지상 생애 동안 보여 주신 진리와 자비는 변할 수 없는 그분의 본성이며 따라서 복음의 선포와 함께 영원히 연결되어 나타나야 한다. 우리는 기독 병원이 인간의 존엄성을 드러내는 성스러운 보고(寶庫)라고 믿는다. 우리는 그리스도께서 스스로 환자로 나타나셨으며, 우리가 형제나 자매 중 지극히 작은 자 하나에게 행한 것이 곧 그를 위해 한 것이라 믿는다. 우리는 "만물이 그 안에 함께 섰느니라"(골 1:17하) 하신 말씀에 근거하여 그리스도께서 모든 창조의 으뜸 되심을 믿는다. 우주—우주 안의 모든 원자와 분자를 서로 결합하도록 하는 응집력—가 그분의 통치 아래 놓여 있다. 우리는 그리스도의 사랑이 사탄의 위협에 당면한 기독교 기관들을 함께 세워 준다고 믿는다. 우리는 기독 병원이라는 이상이 살아남아야 할 뿐만 아니라 필수적이라고 믿는데 그것은 하나님이 인간으로 오셨을 때 우리를 치유하셨기 때문이다.

마지막 장에 이르면 '파라클레시스'(질병과 비극과 고통과 절망의 무게에 짓눌린 사람들을 돕기 위해 곁에 부름받음)의 개념이 나온다. 이것은 예수님을 따르는 모든 이가 해야 할 역할이지만 특히 그분의 의료인 제자들에게 특별한 소명이다. '파라클레시스'(곁에 부름받음)의 소명에 순종하며, 환자를 위해 힘과 자원과 사랑과 자비를 다하여 노력하고 있는, 그리스도의 통치 아래 있는 병원이나 진료소 또는 메디컬 센터는 모두 – 외딴 칼리만탄의 진료소에서건 한국의 메디컬 센터에서건 – 하나님의 목적을 이루어 드리고 있는 것이며, 예수님의 구원의 사랑을 나누고 있는 것이다. 고통받는 사람들의 '곁에 부름'을 받았는가 아닌가 하는 것이 궁극적으로 의료선교의 도전과 위기인 것이다.

설대위
(1997년)

옮긴이
서문

책을 번역할 때면 학생 때 들었던 말이 생각나곤 한다. "번역자는 반역자다"Translator is traitor. 그럼에도 설대위 선교사의 이 책을 번역한 것은 두 가지 이유에서다. 첫째, 나 자신이 의사이므로 이 책에 자주 등장하는 의학적 배경에 대한 이해가 쉬울 것이라 생각했고, 저자의 선교 사역의 주요 배경이 된 예수병원에서 그분을 직접 곁에서 볼 기회가 있었으므로 책에 대한 이해가 남보다는 쉬우리라 생각했기 때문이다. 그러나 이런 이유들이 번역을 시작한 직접적이고 근본적인 동기는 아니다.

이 책이 쓰인 지 벌써 17년이 지났다. 그러나 이 책을 읽는 동안, 내가 선교 병원의 본질에 대해 그리고 그 본질을 잃어 가는 현상에 대해 고민하던 바가 이미 예언자적 예지로 갈파되어 있는 것을 발견할 수 있었다. 또 의료선교 또는 선교 병원의 철학과 근거를 재확인하는 계기가 되었다. 더 넓게는 의료에 대한 기독교적 세계관과 기독교 의료 윤리의 근거를 깊이 있게 접할 수 있었다. 내가 이 책에서 얻은 이러한 유익이야말로 번역을 결심한 두 번째이자 근본적인 이유다.

설대위 선교사는 1954년, 내가 태어나던 해에 한국에 와서 우리나라의 조그만 도시인 전주에서 평생을 바쳤고, 1990년 65세가 되어 선교사로서 정년 퇴임하였다. 당시 우리나라는 한국전쟁 후 피폐할 대로 피폐한 상태였으며, 그는 이런 우리나라 사람들의 아픔을 그리스도의 사랑으로 어루만지는 생애를 살았다. 그는 연민과 열정을 지닌 선교사였을 뿐 아니라 성경적 세계관을 의료선교의 현장에 접목시키며 참된 기독 의료인을 교육하는 데도 온 힘을 기울였다. 그는, 단기간에 뭔가를 이루어 내려는 조급한 성격이 선교에도 영향을 미쳐서 업적 위주의 선교로만 치닫기 쉬운 우리나라 선교 현실에서 귀한 모범이 되는 의료선교사였다.

받기만 하던 선교 역사를 벗어나 우리나라도 이제 선교의 은혜를 갚는 시점에 와 있다. 그렇다면 이와 같이 잘 정리된 의료선교의 역사와 철학은, 본질로부터 벗어나지 않고 시행착오 없이 하나님의 사랑을 효율적으로 전하려는 의료선교사뿐 아니라 의료를 통해 하나님의 안위하시는 손길이 되려는 수많은 그리스도인 의료인들에게 큰 도움이 되리라 믿는다.

감히 선교의료에서 고전적 가치를 가진 책이라고 말할 수 있는 이 책을 출판하기로 결정해 주신 IVP에 깊은 감사를 드린다.

김민철
(1997년)

1

딜레마

나는 그를 돌보았고, 하나님은 그를 치료하셨다.*

앙브루아즈 파레(1510-1590), 군 외과의

우리 의사들의 직업은 목사와 같은 성직이다. 나는 교회가 목사를 임명하는 것과 똑같이 의사도 임명했으면 하는 바람이 있다. 이것은 하나님의 말씀과도 일치한다. 우리가 온 마음과 영혼을 다해 우리의 직업에 몸을 바치는 것도 바로 이 신념 때문이다.…**

폴 투르니에, M. D.

* Paul Tournier, *A Doctor's Casebook in the Light of the Bible* (SCM Press Ltd., London, 1969), p. 216에서 인용.
** 같은 책, p. 216.

기독 의료의 역사는 수많은 영웅으로 가득 차 있다. 아프리카에서 활동했던 반 데르 켐프Van der Kemp, 리빙스턴Livingstone, 스트랭웨이Strangway와 슈바이처Schweitzer, 인도의 스커더Scudder, 중국의 파커Parker와 코크런Cochrane 그리고 한국에서 활동했던 앨런Allen과 에비슨Avison 등이 바로 대표적인 인물들이다. 그들 대부분은 아주 초라한 진료소에서 홀로 사역을 시작하였고, 사역하던 그 나라 국민을 의료선교 지도자로 키워 내는 일이 필요하다는 것을 깨달았다. 그러나 그중 소수만이 오늘날까지 이어져 내려오는 병원을 설립하였다. 때때로 의료선교사들은 난치병의 원인을 발견하거나 아주 효과적인 의료 기기를 고안해 내는 것과 같은 획기적인 업적을 이루기도 했다.

이 개척자들은 기독교를 전파하는 데 대단한 설득력을 가진 변증학자도 아니었고, 평균 의료 수준에 비해 아주 유능한 전문의도 아니었다. 하지만 그들은 기독교의 근본적인 진리를 깨달았고 이에 복종했다. 즉 하나님은 인간의 고통과 고뇌에 깊은 관심을 가지고 계시다는 사실과, 사람들의 고통을 덜어 주는 일에 무관심한 채 하나님의 말씀만을 외치는 것은 불완전할 뿐 아니라 예수 그리스도를 왜곡하는 일이라는 사실을 마주한 것이다. 이러한 진리에 대한 깨달음이 그들로 하여금 의료선교 활동에 생애를 바치게 했다. 그들은 온갖 어려움, 악성 고열, 각종 해충에 의한 질병, 설사병, 육체적 혹사, 주위의 조롱, 심지어는 지구 어느 한 구석에서 맞는 외로운 죽음까지도 받아들여야만 했다. 과연 오늘날에도 리빙스턴이 간구한 것처럼 하나님 앞에서 간청하는 사람이 있는가? "주님이 함께만 하신다면 저를 어디든지 보내소서. 제게 무거운 짐을 지우시되, 지탱하게만 하소서. 당신의 마음과 당신을 위한 봉사의 끈 외에는 어떠한 것도 단절하게 하소서."•

이제 한반도의 의료선교 역사에서 짧지만 뛰어난 공헌을 했던 한 사람을 예시함으로써 기독교 복음에 흠뻑 젖어 있던 이들의 영웅적인 헌신을 유추해 보려 한다. 그가 바로 의사 윌리 포사이스Dr. Wiley Forsythe다. 켄터키주의 머서 마을 출생으로 루이스빌에 있는 의과 대학을 졸업한 포사이스는 1904년 30세의 나이에 전주에서 봉사하도록 임명되었고, 1년이 채 되지 않아 의료선교에 놀랄 만한 기록을 남겼다. 1905년 3월 포사이스는 강도에게 상처를 입은, 시골의 한 저명한 집안의 남자를 치료하기 위해 불려 갔다. 선교 역사학자인 조지 브라운 George T. Brown은 그 사건을 다음과 같이 기록했다.

환자를 치료한 뒤에, 그는 환자의 집에서 잤다. 돌아가기에는 시간이 너무 늦었기 때문이다. 그런데 밤에 강도들이 돌아왔다. 포사이스의 낯선 옷 때문에 그들은 그를 경관으로 오인하고 칼로 무자비하게 찔러서 머리와 목에 치명적인 상처를 입혔다. 그가 묵고 있던 집의 여인이 응급 처치를 해 주었고, 그 후 몇몇 신실한 친구들이 그를 전주로 옮겨 그는 그곳에서 다시 치료를 받았다. 그렇지만 머리와 귀의 심한 상처가 치료

• 출처 불명, 내 성경에서 찾음.

되지 않아 포사이스는 치료를 위해 본국으로 돌아갔다.•

그러나 그는 1908년 한반도의 남서쪽에 위치한 항구 도시 목포에서 새로운 일을 시작하기 위해 한국으로 돌아왔다. 그는 한 손에는 복음이 담긴 소책자를 들고, 다른 손에는 약을 들고 거리로 나가 일할 정도로 대단한 열정을 가진 사람이었다.•• 1909년 이른 봄, 의료선교사인 클레멘트 오웬Dr. Clement Owen이 폐렴으로 거의 임종 직전 상태에 있었다. 이를 알고 당황한 윌슨R. M. Wilson 선교사는 포사이스를 그에게 보내어 진찰하도록 했다. 오웬이 이미 죽었는데도 그것을 알지 못한 포사이스는 말을 타고 목포를 떠나 광주로 향했다. 광주를 20킬로미터쯤 앞두었을 때 도로 한 모퉁이에서 심한 나병을 앓고 있는 누더기 차림의 여인을 만났다. 그는 그녀를 말에 태웠고, 남은 거리는 말을 끌며 걸어갔다. 그 나병 환자를 병원에 입원시켜 치료받게 할 생각이었다. 그러나 나병이 옮을까 두려워한 다른 환자들의 맹렬한 반대로 그의 의도는 좌절되었다. 결국 병원 건축을 위해 사용했던 버려진 벽돌 가마가 그 나병 환자의 임시 처소로 마련되었다. 오웬 부인은 남편이 생전에 사용하던 야외용 침낭을 제공했다. 포사이스는 "병 때문에 몸에서는 심한 냄새가 나고, 불결하기 그지없으며, 누구 한 사람 돌보아 주는 이 없이 방치되어 있던…머리에 빗질을 한 지는 한 달도 넘은 듯하고…손과

- George Thompson Brown, *Mission to Korea* (Board of World Missions, Presbyterian Church, 1962), pp. 63-64. 『한국선교이야기』(동연).
- • 같은 책, p. 103.

발은 온통 헐어서 진물이 나고 부풀어 있던"* 이 여인의 팔을 잡고, 마치 자신의 어머니를 부축하듯, 이 여인을 부축하여 벽돌들을 넘어 새로운 거처로 옮겨 주었다. 그럼에도 그녀는 2주 후 세상을 떠났다. 그러나 광주 지역 선교부는 전과 달라졌고, 그 결과 윌슨은 1911년에 최초로 한국의 나병 환자들을 위한 진료 기관을 설립할 수 있었다. 같은 해에 포사이스는 스프루(sprue: 열대병의 일종—옮긴이) 때문에 몸이 약해져서 다시 본국으로 돌아갔지만 결국 회복되지 못하고 1918년 5월에 사망했다.

지난 100년 이상 동안 이런 충실했던 의료선교사들은 알려지지 않고 잊힌 채, 수많은 나라에서 전염병을 박멸하고, 건강의 개념을 심어 주며, 의료의 원리를 체계화하고, 의사, 간호사, 의료 기사를 교육시키는 일을 시작했다. 처음에는 주로 보건소나 단순한 진료소가 설립되었으나 후에는 작은 종합병원이 세워지고, 곧 여기저기에 의료 교육을 시킬 수 있는 큰 의료 기관들이 생겼다. 세월이 흐름에 따라 의료선교사들은 임상가와 교육자로서의 자질을 인정받았다. 이는 의학이라는 학문이 받아들여지고 질병과 그에 따른 공포로부터 위안을 찾기 위해 병원을 찾는 환자의 수가 증가한 이유도 있지만, 한편으로는 지방 정부가 그들의 건강관리 방법을 수용하게 되었고, 선교사가 세운 의료 기관에서 교육받은 사람들이 지방 정부의 일원으로 선출되었기 때문이기도

- Mrs. C. C. Owen, "The Leper and the Good Samaritan", *The Missionary* (August 1909), p. 408.

하다. 한편 기독 병원들은 많이 성장하고 확장하기도 했지만 그 과정에서 종종 잃는 것도 있었다.

그래서 오늘날에는, 고귀했던 이상이 과학적 제도주의Scientific Institutionalism로 변해 버렸다고 말할 수도 있다. 변화의 양상은 아주 미묘했고 수 세대에 걸쳐 이루어졌다. 다음에서 설명할 몇몇 과정이 그 예다.

1. 선교 병원이 교육을 위한 의료 기관으로 변해 버렸다. 의료선교사들이 다른 사람들을 가르치고 수련시켜야 한다는 책임 의식을 갖는 것은 아주 당연한 일이다. 외국에서 온 의사들은 한계를 가지고 있다. 그들은 평생 동안 선교지에 머무를 수가 없기 때문이다. 주기적인 휴가도 필요하고, 그들이 자리를 비울 때에도 일은 진행되어야 한다. 더 나아가 의료선교사들이 가진 의술을 똑같이 수행할 수 있는 수련의들이 많아져서, 건강 문제에 대해서나 그리스도에 대한 관심을 증진시킬 수 있다면 이 얼마나 훌륭한 일인가! 흔히 기독 병원들은 최초의 의과 대학으로 변했거나, 대학을 졸업한 의사들에게 수련 과정을 제공하는 최초의 기관이 되었다. 그러나 개발도상국가에서는 그러한 모험적인 사업을 쉽게 모방하기도 하지만 결국은 그것들이 통제를 받게 된다. 초기의 기독 병원 양식에서 파생되었거나 해외에서 교육을 받고 돌아온 사람들에 의해 세워진 비종교적인 병원 유형들이 정부의 한 부처나 기관의 관할 아래 들어가야만 했다. 점차적으로 기독교 교육 기관에는 압력이 밀어닥치기 시작했다. 설립 인가, 우수한 인재의 스카우트에 대한 압력, 세법들과 복잡하고 자주 바뀌는 법적 요구 사항들에 응하는 일, 점차

경쟁력이 더욱 요구되는 의료 시장에서의 수지 문제에 대한 압력들이 바로 그것이다. 따라서 이방 문화라는 소용돌이에 휩쓸려 이제 막 시작된 보건 사업의 물줄기 위에 뜬 통나무에서 춤을 추던 많은 병원장 또는 병원 행정가들은 급류에 휘말려 들거나 아니면 안전을 위해 양다리를 걸쳐야만 했다.

2. 연민 어린 관심이 임상적 우수성으로 대치되었다. 잘 훈련받지 못한 채 연민만으로 의료선교 활동을 시행한다면 분명히 많은 생명을 잃게 될 것이다. 기독교 의료는 가능한 한 최상의 의술이어야 하며 그렇지 못하다면 그리스도의 이름에 합당하지 않을 것이다. 이런 생각으로 많은 의료선교사들은 우수성이 하나의 우상이 될 수 있다는 것을 깨닫지 못한 채 모든 부분에서 논리적 판단을 내렸다. 질적 향상을 위해서는 건물 투자나 정교한 시설들, 특히 전문화된 의료 요원에 좀 더 많은 투자가 필요했다. 전문화는 서양 의학의 한 부분이며 이미 세계 여러 개발도상국에 주입되었다. 그러나 그것은 그 나라들의 건강에 대한 요구나 필요에 의해 의료 전문화가 요구되는 시기보다 훨씬 일찍 주입된 것이다. 이것은 보건 과학 분야의 국제적 지식이 급증함에 따른 결과이며, 이런 지식을 받아들이려는 젊은 두뇌들의 학자적 야심에 의해 증폭되었다. 이런 흐름에 역행하는 것은 과학의 엄청난 진보를 외면하는 길이 될지도 모른다는 두려움 때문에 많은 기독 병원들은 종종 현실에 순응하며 이런 흐름을 따라가는 것이다.

3. 인격적인 치료가 생명과학적 비인격주의로 바뀌었다. 생명과학적 기술의 여명이 밝아 오자 병원 내 진료 체계에는 더 큰 부담이 자리 잡게 되었다. 소독 기술이라든가 격리 병실들, 면회 시간의 제한 등은 기존 문화와 상반된 것들이었다. 그러나 이제는 슈퍼 전문가가 슈퍼 진단 장비를 가지고서 환자와 환자가 가진 문제를 분리시키려는 생각을 기독 병원에 강요하려고 하며, 값비싼 전자 정밀 장치를 들여와 의사와 환자 사이에 두고 이들의 관계를 소원하게 만들었다. 기독 병원은 이러한 유입에 잘 대처하기도 했지만 그 과정에서 기독 병원이 섬기려 했던 사람들에 대한 사랑을 잃어버림으로써 중요한 사역의 기회를 놓치기도 했다.

4. 복음을 증거하려는 열정적 마음이 교만으로 뒤틀렸다. 얼마나 많은 훌륭한 치료 센터들이 그들의 첫사랑을 잃어버렸는가? 설립자의 동상은, 하나님의 사랑을 고통의 체험을 통해 구체화하겠다는 고귀한 비전을 나타내는 마지막 증거로만 남아 있는 경우가 얼마나 많은가? 개척자의 마음속에서 타올랐던 선교에 대한 열정은 식어 버리고 학문적 우월성을 과시하고, 전문적 우수성에 몰두함으로써 그리고 기술적 진보에 대한 자부심을 지님으로써 그 불길은 차츰 사그라지고 있다. 많은 기독 병원들이 치료를 위해 전문의를 양성하는 일은 의심할 여지 없이 훌륭히 해내고 있으나 환자들의 외침에 대해서는 더 이상 관심을 기울이지 않는다.

이러한 영향력들은 선교 전방에 있는 기독 병원이라는 정황에만 특별히 두드러지게 나타난 것은 아니다. 세계 어디를 보나 의학의 역사적 흐름 속에는 항상 이 영향력이 존재해 왔다. 보건 사업이 계속 진척 중인 개발도상국가에도 생명과학 기술이 계속 수출되고 있으며 그에 따른 결과(즉 발달된 기술이 초래한 나쁜 영향력)도 자연히 함께 수출되기 마련이다. 1977년 도쿄에서 열린 제20차 국제병원연맹 International Hospital Federation의 한 연설에서 (호주의 멜버른에 있는 월터&일라이자 홀 연구소 소장인) 구스타프 노살 경 Sir Gustav Nossal은 생명과학적 혁명의 네 가지 위험—늘어나는 비용, 비인격화, 지나친 전문화, 의학의 극적인 효과화—을 경고했다.

급속히 늘어나는 비용은 이미 놀랄 만한 수준에 도달해서, 미국 정부는 값비싼 장비를 구입하는 개인 병원을 통제하기에 이르렀다. 1935년 미국에서 일인당 건강관리에 투자한 비용은 22.04달러였으나, 1973년에는 441.18달러에 이르렀고,* 머지않아 국민총생산의 10퍼센트를 차지할 것이다. 이런 체제는 결국 개발도상국에게 짐을 지우게 된다. 생존을 위해 애쓰는 국가들이 값비싼 방사선 가속 장치, 초음파 기기, 전산화 단층 촬영기 CT를 계속 구입하고 있다. CT 한 대의 비용으로 10개 내지 15개의 일차 진료소를 지을 수 있고, 전염병을 퇴치할 수 있으며, 개발도상국가의 시골에서는 이 비용으로 건강 문제의 90퍼센트까지 해결할 수 있다. 브라질 출신의 건강 문제 전문가인 리시테르 H.

- The Family Health Care Report: Steps Toward a National Health Strategy for Korea, U. S. Agency for International Development, Seoul 1974, pp. A-10.

B. Richter는 도쿄 회의에서 이렇게 물었다. "기아와 문맹 퇴치를 위해 싸우는 전자 장비는 없을까요?"

비인격화 Depersonalization, 지나친 전문화 Overspecialization, 극적 효과화 Spectacularization에 대한 노살 박사의 경고는 예언자의 눈으로 바라본 것이다. 의학에 전자화가 도입되면서 치료의 기술은 단지 기계-수리적 행위로 전락했으며, 환자의 개인적 존엄성은 사라지고 환자는 단순히 희생자로 전락했다. 지나친 전문화는 환자를 전체적인 시각으로 바라보는 데 장애가 된다. 위기에 처한 의학의 극적 효과화는 예방과 초기 진단에 대한 투자 대신 '우주 시대'의 업적, 이를테면 기관 이식과 같은 일을 불균형적으로 중시하는 결과를 초래했다.

'점점 더 소수의 사람을 위한 점점 더 양질의 진료' Better and better medicine for fewer and fewer people. 이 말은 현재의 기독 의료의 방향에 반대하는 세계교회협의회 지도자들이 내세운 일종의 고발문이다. 세계교회협의회의 기독의료위원단은 이 문제에 대한 충분한 설명 근거를 갖고 있는데 1973년 그들이 발표한 "건강관리와 정의에 대한 입장문" 가운데 다음 인용문은 그들의 입장을 분명히 보여 준다.

1968년 최초의 기독의료위원단이 발족되었을 때, 이 단체의 가장 중요한 활동은 기독 의료 기관들과 그들이 섬기는 사람들 사이에 존재하는 기존 방식을 평가하는 일이었다. 어느 면으로든 과거의 업적을 훼손하지 않는 범위 내에서 시시각각 변하는 여러 조건에 대한 새로운 조정이 필요했으며 그에 따른 여러 가지 문제들이 야기되었다.

세계 의학계에서는 병원의 질적 향상을 꾀하려는 과학적 물결이 만연한데 이를 따라잡으려는 진보적 노력을 하지 못한 우리의 무능력은 문제의 한 예라 할 수 있다. 이렇게 됨에 따라 병원 시설과 의료 요원에게 계속적으로 더 많은 투자를 해야 했고, 따라서 점차 전문화된 의사들은 좀 더 정교하고 값비싼 장비를 가지고 일하게 되었다. 병원들은 똑같은 한정된 수의 환자들을 위해 더욱 많은 일을 하고 있다.

지난 5년에 걸쳐 이루어진 위원단의 연구는 병원을 근거로 해 왔던 기존 선교 활동의 접근 방법이 비효과적이고 비능률적이었다고 보고하였다.

육체적 치료와 정신적 치료를 원하는 사람들의 요구를 충족시키기에는 우리의 접근 방법이 효과적이지 못했다. 위원단의 조사 결과가 보여 주듯이 오직 병원 테두리 안에 있는 아주 극소수의 사람들에게만 우리의 손이 미치고 있는 것이다. 그러나 더 이상은 우리 책임이 단지 의료 시설을 제공하는 것이고 그다음은 병원을 찾는 환자들에게 달려 있다고 말할 수 없다. 이제 치료하고 예방할 수 있는 우수한 기계들을 더 많이 보유하게 된 이상, 우리는 그러한 접근 방법들 중 어떤 것이 건강 증진에 가장 효과적인가를 세밀하게 분석한 결과를 토대로 완전히 새로운 표준의 우선순위를 적용해야만 한다.

병원 중심의 건강관리 제도는 비능률적이기도 하다. 막대한 투자―특히 가장 귀중한 자원인 개인 시간―가 요구되는 임상 조건은 부족한 자원으로 인해 방해를 받곤 했다. 우리의 비능률성은 병원에서 시간을 어떻게 활용하는가를 보아도 분명히 나타난다. 잡무에 시달리는 의사가 다른 사람도 쉽게 처리할 수 있는 일상의 일을 처리하느라 애쓰는 동안, 환자들은 의사를 기다리느라 막대한 시간을 허비해야만 한다. 사실 병원에서 사용되는 우수한 시설들은 환자의 편의를 위해 만들어졌다기보다는 극도로 바쁜 의사들에게 업무상의 편리함을 제공하기 위해 만들어졌다고 해도 과언이 아니다.

기독교적 관점으로 볼 때, 병원 중심의 건강관리 제도가 지니는 가장 심각한 문제점은 이러하다. 이 제도가 비능률적이고 비효과적이기도 했지만 그리스도인에게 가장 심각한 문제는 불공정한unjust 면이 있다는 점이다. 사실, 효과적이지 못하고 능률적이지 못한 그 자체가 어느 정도는 공정하지 않은 것이다. 여기에서 공정하지 않다는 말의 정의는, 공평한 분배가 근본적 윤리의 기본이라는 신념에서 시작한다. 의료에 대한 가장 큰 도덕적 딜레마는 부족한 재원을 분배하기 위한 최소한으로 불공정한 방법을 발견해야 한다는 점이다.•

결국 한 세기가 채 지나지 않아서 세계 각국에 있는 기독 병원들은 위기 국면을 맞이했다. 만일 병원을 설립한 사람들이 자신이 세운 병원의 복도를 걸어 본다면 무슨 생각을 할까? 과학의 경이로움에서 받은 최초의 놀라움이 실패의 고통으로 인해 무너져 버리지는 않을까? 현대적 시설이 갖추어진 상황에서 환자들은 기계 속으로 실종되어 버린

- Position Paper on Health Care and Justice, *Contact 16* (Christian Medical Commission, World Council of Churches, Geneva, August, 1973), pp. 3-4.

사실을 과연 느낄 수 있을까? 이미 불모가 된 환경 속에서 여전히 살아 움직이고 있는 그리스도의 사랑을 발견할 수 있을까? 기독 병원의 이상은 여전히 살아남을 수 있는가, 아니면 교회는 치유healing의 역할을 포기해야만 하는가? 복음이 이런 식으로 자꾸만 잘려 나간다면 우리는 어떻게 사랑과 권능으로 앞 못 보는 자의 눈을 뜨게 하시고 절름발이를 걷게 하시고 혈루병을 고치신 주님을 신실하게 믿는다고 할 수 있겠는가? 풍부하던 생명의 메시지가 자꾸만 희석되어 간다면 "그보다 큰 일도 하리니 이는 내가 아버지께로 감이라"(요 14:12)라고 말씀하신 주님께 어떻게 진실할 수 있겠는가?

2

왜
기독 병원인가?

우리가 뜻을 품거나 희망하거나 꿈꾸어 왔던
모든 선은 존재할지니,
겉모습만 닮은 것이 아닌 실체 그 모습,
그것은 아름다움도 아니며, 선도 아니며, 권력도 아니리.
그 목소리는 사라져 갔지만,
하나하나 시인에게 남아 있으리.
영생불멸의 시간을 확인했을 때
너무나 고결하다고 밝혀진 고귀함,
너무나 참기 어려운 지상에서의 영웅적인 것들.
대지를 떠난 열정은 허공에서
그 모습을 잃고,
음악은 연인들이나 음유 시인에 의해
하나님께로 올라간다.
그가 그것을 한 번 들은 것으로 충분하리니,
머지않아 우리도 그것을 듣게 되리라.*
로버트 브라우닝(1812-1889)

* Robert Browning, "Abt Vogler" from *The Complete Poetic and Dramatic Works of Robert Browning* (Cambridge Edition, Houghton Mifflin Company, Boston and New York, 1895).

아마도 세상에 수많은 의료선교사들이 있는 만큼 수많은 의료선교의 방식이 있을 것이다. 의료 시설 면에서는 정글 클리닉(의료 시설을 거의 갖추지 못한 오지의 진료소)부터 화려하게 꾸며진 병원까지 다양하다. 프로그램 면에서 보면, 지역사회를 대상으로 예방 의학적인 활동을 하는 병원이 있고 치료 의학적으로 출발한 교육 센터도 있다. 어느 노련한 선교사는 "선교에서 장점과 단점은 바로 선교사 개인에게 달려 있다"라고 말했다. 예수 그리스도의 종은 각자 부르심을 받는다(이 소명이 성경적인지 여부는 교회의 위원회나 그리스도의 교회를 대신하는 선교사 파송 기관들로부터 확인되어야 한다). 그리하여 형제자매들이 성령의 인도 아래 그를 따로 세우면 이제 그는 새로운 땅으로 개척의 길을 떠나거나 이미 수립된 의료 사업이나 의료 기관에서 함께 일하게 된다.

이 책에서 논의할 쟁점은 기독 병원의 이상에 관한 것이다. 기독 병원의 개념을 검토하고 대안을 고려하며 비제도권 기독 건강 프로그램을 신중하게 평가할 것이다. 그러나 우리는 병원의 이상에서 시작할 것인데, 이것이 앞서간 개척자들로부터 받은 유산이기 때문일 뿐 아니라, 과거에 그리스도를 위해 큰 영향을 미쳤기 때문이고 또한 미래에 그리스도를 위한 잠재적 도구로서 지키고 보호하도록 우리 앞에 맡겨진 것이기 때문이다.

엄격한 의미에서 볼 때 개신교의 기독 병원은 더 이상 미국에 존재하지 않는다는 사실을 나는 인식하고 있다. 교회와 관계를 맺고 있는 의료 기관들이 여전히 지도에 나타나 있고 흔히 교파의 이름이 붙기도 하지만, 개신교 전통의 어느 의료 기관도 더 이상 교회의 통제를 받지는 않는다. 같은 목적을 지닌 그리스도인 의사들이 한데 뭉친 연합 병원group clinics의 형태가 있기는 하다. 그러나 기독 병원의 중요한, 아니 필수적인 요소는 그리스도에 대한 **공동의** 증인이라는 사실에 있다. 이것은 직원 중에 목사가 있다는 것 이상을 의미한다. 내가 관계하고 있는 병원은 모든 직원이 그리스도인임을 고백해야 한다. 이는 미국의 고용 평등법에는 위배되는 요구 사항이다. 실제로 미국의 경우 어느 단체에서 종교적 자질을 어느 정도까지 요구할 수 있느냐 하는 문제는 명확하지 않다. 이것은 아마도 그 병원이 공립인지 사립인지의 차이와 그 기관이 연방 정부의 도움을 기꺼이 포기할 수 있는가에 달려 있을 것이다.

이 장에서 우리가 스스로에게 던지는 가장 기본적인 질문은 '왜 기독 병원인가?' 하는 것이다. 일정한 기준이 합의되지 않는 한, 어떤 의료 단체가 '기독교적이다, 아니다'를 말하는 것은 의미 없는 일이며, 이는 곧 성취하고자 하는 목표의 선택을 내포한다. 따라서 우리의 토론에는 '무엇'보다 '왜'가 더 적절하다. 여기서는 우리가 그 목표를 어느 정도나 성취했는지보다 기독 병원의 개념, 목적, 나아가 분투해야 하는 이상에 더 큰 관심을 갖는다.

이 같은 근본적인 질문에 대한 답변으로 몇 가지 불만족스러운 이론이 있다. 첫 번째는 '미끼 이론'bait thesis이다. 어떤 사람들은, 선교 병원이란 사람 낚는 어부들이 환자를 낚아 기독교라는 '배'에 모으기 위한 일종의 미끼라고 말한다. 정말 유감스러운 이 개념은, 사람들을 그리스도께 인도하려는 정당한 관심에서 비롯된다. 어쩌면 그들의 이런 열의는 사도 바울의 "내가 여러 사람에게 여러 모습이 된 것은 아무쪼록 몇 사람이라도 구원하고자 함이니"(고전 9:22)라는 말씀에 기초한 것인지도 모른다. 이 이론의 신봉자들은 사람들을 구세주께 인도하기 위해서는 모든 수단을 동원해야 하며, 의료 행위란 단지 이 목적을 달성하기 위한 수단에 불과하다고 생각한다. 그러나 이런 관점은 매우 위험하다. 물론 예수 그리스도를 위해서 어리석은 자가 되는 것에 반대하거나 우리에게 주어진 선교적 사명을 회피하려는 의도는 없다. 또한 기독교 사업 중에서 구원 사역이 최고의 가치를 지닌다는 사실을 부인하려는 뜻 역시 결코 없다.

미끼 이론에 나타난 문제점은, 이 개념을 옹호하는 이들이 가지고 있는 복음 전도의 열정에 있는 것이 아니라 그 열심의 대상을 함부로 대한다는 데 있다. 하나님이 사랑을 실천하라고 우리에게 보내 주신 이들에게 예수님의 구원의 능력에 대한 우리의 증거를 나누는 일과, 우리의 성스러운 임무를 덫이나 위협 또는 자극제로 사용해서 고통 속에 있는 환자들이 병원에 있는 동안 예수를 믿을 수 있도록 하는 것에는 미묘한 차이가 있다. 선교 방법에 대한 평가는 결단의 신실성이어야 함에도 불구하고, 환자는 헌신의 결단을 강요받는다. 인간을 구속할 수 있는 것은 그리스도의 사랑뿐이며, 우리는 아무리 선교의 성공을 위해서라 해도 감히 그 사랑을 값싼 것으로 만들어서는 안 된다.

두 번째는 '교회 병원'church hospital의 개념이다. 기독 병원은 경건한 분위기에서 좋은 의료 행위를 제공한다. 의료 기관은 평신도로서 교회를 지원하고, 교회 구성원들에게는 교회와 연관된 일자리를 제공한다. 여기에는 상호 이익과 상호 성장이 있다. 가장 성숙한 형태일 때 이 개념은 "병원은 교회의 치료하는 팔이다"라는 말로 표현된다. 이 개념을 구체화하기 위해 조직적인 관계가 만들어지고, 병원은 정기적으로 교회 제직회나 당회 혹은 총회와 같이 책임을 담당하는 곳에 보고를 한다. 교회의 입장에서 보면, 교회는 의료 기관의 선교 프로그램을 지원하고, 이사회의 대표들을 통하여 병원이 종교적 임무를 잘 수행할 수 있도록 보호한다. 이 모든 생각은 타당하고 실행할 만하다. 그러나 기독 병원이 무엇인가에 대한 개념에는 아직 미치지 못한다.

기독 병원은 일터의 교회여야 하며 이 세상에 있는 그리스도의 몸이어야 한다. 그렇다고 교회의 구조를 덧씌워서는 안 되며, 가시적 교회와 병원 사이에 존재하는 밀접한 업무 관계에 기초해서만 규정해서도 안 된다.

'교회 병원' 개념과 밀접한 관계가 있는 것이 '기념비 이론'monument thesis이다. 특히 그리스도인이 소수인 많은 개발도상국에서는 지붕 위에 십자가를 세운 병원의 존재가 많은 수의 신자들에게 심리적 지원을 해 줄 수 있다. 아마도 교회의 첨탑도 같은 이유일 것이며, 지역사회 안에 우뚝 서 있는 교회가 훌륭한 일을 많이 하고 있을 때는 우리에게 자신감과 확신이 생기고 승리의 편에 서 있다는 느낌을 갖게 된다. 그러나 기념비라는 생각은 형편없을 뿐 아니라 까다로운데, 병원의 실제 과오나 잠정적 과오를 이유로 공격하는 사람은 항상 있기 마련이고, 목표물이 클수록 그 명예를 실추시키는 것은 더 쉽기 때문이다.

앞 장에서 우리는 1973년의 "건강관리와 정의에 대한 기독의료위원단의 입장문"의 여러 단락을 인용했는데, 병원 중심의 건강관리 제도 전반이 비능률적이며 불공정하다고 고발하는 내용이었다. 가나에서 의료선교사로 일했고 현재는 목회 연구소의 강사로 있는 마이클 윌슨은 '제네바 입장'(Geneva Viewpoint: 세계교회협의회와 기독의료위원단은 스위스의 제네바에 본부를 두고 있다)의 대변인이라 할 수 있다. 윌슨은 우리의 건강관리 제도가 질병을 퇴치하면 건강을 얻을 수 있다는 뿌리 깊은 모순의 희생물이라고 말한다. "질병에 대한 지식에 기초를 둔 의료 체계는 건강을 창출해 내지 못하며 더 많은 질병을 발견할 뿐이고, 따라서 이를 치료하기 위한 요구를 더할 뿐이다."* 윌슨은 병원의 생명에 기여하는 모두가 강력하게 견지하는 세 가지 전제를 지적한다.

첫째, 질병의 치료는 사람을 돌보는 것보다 훨씬 더 중요하다.
둘째, 건강을 제공하는 것은 전문가의 일이다.
셋째, 죽음이란 인간에게 닥칠 수 있는 최악의 것이다.

그는 병원의 역할을 다음과 같이 재규정한다. "병원의 일차적이고 가장 중요한 업무는 환자들과 그 가족들, 병원 구성원들이 질병과 죽

- Michael Wilson, "The Hospital in Society: Health, Attitudes and Values", *Contact* 27 (Christian Medical Commission, World Council of Churches, Geneva, June, 1975), pp. 3-4.

음의 체험을 통해 어떻게 건강한 사회를 세울 것인지 깨닫게 하는 것이다."•

나는 다음 장에서 1954년부터 내가 몸담아 봉사해 온 전주 예수병원의 역사를 인용해서 비능률과 불공정에 대해 고발한 제네바 기소장 Geneva Indictment에 대해 좀 더 구체적으로 대답해 보려 한다. 이 장에서는 기독 병원의 존재 자체에 대한 근거를 고찰하는 좀 더 근본적인 문제를 다루고 있다. 윌슨의 이론에 따르면, 병원의 역할이란 건강한 사회를 이루는 일보다 부차적인 일이며, 병원은 그러한 선후 관계 속에서 보조적인 역할을 해야 한다. 병원 설립의 강력한 기반인 앞의 세 가지 전제를 비판하면서 그는 병원 근무자들의 안이하고 경직된 태도에 효과적인 일격을 가했다. 이런 전제들은 기독 병원이 설립 의도에서 멀어져 표류하지 않는 한 기독 병원에 범람해서는 안 된다.

질병을 퇴치하는 것이 건강을 창출하는 데 효과적이지 않다고 단언하기는 더 어렵다는 것을 잘 안다. 만약 내가 암에 걸렸다면 수술하여 암세포를 제거하고 싶고, 종기가 생겼다면 그 안의 고름을 짜내고 싶을 것이다. 심장 기능이 약해지면 그 기능을 회복시킬 약을 원할 것이다. 윌슨의 생각은 공중 보건 측면에서나 (어느 정도는) 질병 예방이라는 면에서 단편적으로 일리가 있다. 그러나 그는 개인의 위기는 상대적으로 덜 중요하며, 개인의 병은 건강에 대한 무지의 결과라고 말하고 있다. 치료하는 수고가 필요 없게 하려면 건강 지식에 기초한 의료 체

• 같은 책.

계를 세우기 위해 우리가 노력해야 한다는 것이다. 이상이 내가 이해하는 윌슨의 생각이다.

병원들은 지역사회의 요구를 거의 만족시키지 못하고 있음을 시인해야 한다. 때때로 열악한 보건 상태는 기독교 의료 기관 주변에서도 지속되고 있으며, 사회의 건강에 대해서 병원이 거의 책임감을 느끼지 않는다는 점도 인정할 수밖에 없다. 그러나 윌슨의 논제는 신학적인 면과 의학적인 면에서 두 가지 문제점을 안고 있다. 첫째로 그는 건강 교육을 통해 모든 질병을 예방할 수 있다고 생각하는 것 같다. 하지만 그렇지 않다. 둘째로 그의 생각은 사회의 안녕을 위해 개인의 가치를 희생시킨다. 기독 병원은 병원을 찾아올 수 없는 병자들을 만나기 위해 지역사회로 찾아가지 않는다고 비난받을 수는 있으나, 인간 생명의 가치를 존중한다고 비난받을 수는 없다.

건강한 사회란 어떤 것인가? 후진국이 당면한 가장 큰 위협은 유행병과 영양실조다. 좀 더 발전한 사회에서는 결핵이나 기생충 감염 그리고 소위 '가난한 사람들의 암'과 같은 만성 질환이 중요한 문제로 떠오른다. 이후에는 심혈관 질환과 소위 '부자들의 암'이 중요해진다. 그러나 이 세상에 완전히 건강한 사회란 존재하지 않는다. 건강의 정도를 말할 수 있을 뿐이다. 왜냐하면 우리는 인간의 타락으로 더럽혀진 비정상적 우주에 살고 있으며, 육체적 죽음의 과정에 속박되어 있기 때문이다. 엄격하게 육체적으로 말하자면, 의사가 하는 일은 단지 죽음을 미루는 것일 뿐이다. 하지만 그리스도인 의사는 더 많은 것을 줄 수 있다. 그는 우리를 진실로 치료하실 수 있는 유일하신 분, 영혼의 의사이신 그분의 제자이기 때문이다.

　건강을 창출하겠다면서 질병을 무시하는 의료 체계를 구축할 수 있다고 제안하는 것은 피상적인 생각이다. 질병을 발견하는 것이 무의미하며 단지 치료에 대한 필요를 만들어 낼 뿐이라는 진술은 허울 좋은 이야기다. 사회 내에서 구성원의 영양, 위생, 건강한 생활방식을 향상시킬 원동력을 만들어 내는 것은 확실히 병원의 일이다. 그러나 건강한 사회를 이루려는 원대한 목표를 최우선 순위로 삼아, 이것을 생사기로의 위기 순간보다도, 생명을 구하고 고통을 덜어 달라고 간청하는 개개인의 운명보다도 우위에 두는 것은 예수 그리스도의 신실한 제자가 선택할 길이 아니다. 지역사회의 복지를 위해 헌신한다는 이유로 인간 존재의 고뇌를 외면하는 것 역시 그리스도의 제자에게 합당하지 않다.

　왜 기독 병원인가? 기독 병원은 분명히 그리스도의 사랑을 증거하는 가장 효과적인 방법 가운데 하나이지만, 본질적으로 선교 전략은 아니다. 기독 병원은 일반적으로 교회 성장의 도구로 사용되지만 교회의 권위나 성장을 촉진시키는 기관은 아니다. 기독 병원이 건강한 사회를 이루는 데 막대한 책임을 지고 있기는 하지만, 본질적으로 어떻게 하면 건강한 사회를 만들 수 있는지를 가르치기 위해 설립된 것은 아니다. 기독 병원의 존재 이유는 오직 하나의 역사적 사실에서 비롯된다. 즉 예수님이 고치셨다는 사실이다. 그 긍휼의 사역이 없이는 예수님의 복음이 결코 완전할 수 없다고 나는 믿는다. 잠시 주님의 의료적 가치 체계를 생각해 보자. 예수님은 시골과 도시의 여러 곳을 다니시며 병으로 괴로워하는 여러 사람을 만나셨다. 어떤 병은 급성이고 어떤 병은 만성이며, 어떤 병은 선천적이고 어떤 병은 후천적이며, 어떤 병은 심하게 진행되었고 어떤 병은 가벼웠다. 그분은 멈춰 서셨다. 그분은 사람들의 병을, 용서하거나 권고할 기회로 삼으셨고, 결코 그냥 지나치지는 않으셨다. 그분은 도움을 청하는 모든 사람을 치료하셨다. 깨끗해지기를 원하는 문둥병자에게 "내가 원하노니 깨끗함을 받으라"(눅 5:13), 한쪽 손이 마른 사람에게 "네 손을 내밀라"(막 3:5), 중풍병자에게 "네 상을 가지고 집으로 가라"(막 2:9), 무덤에 있는 자에게 "나사로야, 나오라"(요 11:43) 하고 말씀하셨다.

왜 기독 병원인가? 예수 그리스도가 병을 고치셨고, 그러심으로써 우리의 하나님이 긍휼히 여기시는 분이라는 것, 그분이 인간의 고통을 마음 아파하신다는 것을 나타내셨기 때문이다. 그러므로 그리스도의 제자들은 의료 사역을 행할 수 있는 어디서나 병을 고치는 도구가 되기를 추구해야 한다. 그리고 그 한 가지 분명한 양식은 중환자를 위한 숙소로, 의술을 펼치는 제자들이 시간과 시설을 집중하여 그들에게 가장 많은 일을 할 수 있게 해 준다. 우리는 이제 이것이 건강관리라는 피라미드의 한 부분에 불과하다는 것을 알지만, 그것은 여전히 필수적이다. 그것은 하나님의 성품을 전시하고 증거해야 한다.

베드로는 이렇게 적고 있다. "그의 신기한 능력으로 생명과 경건에 속한 모든 것을 우리에게 주셨으니 이는 자기의 영광과 덕으로써 우리를 부르신 이를 앎으로 말미암음이라. 이로써 그 보배롭고 지극히 큰 약속을 우리에게 주사 이 약속으로 말미암아 너희가 정욕 때문에 세상에서 썩어질 것을 피하여 신성한 성품에 참여하는 자가 되게 하려하셨느니라"(벧후 1:3-4). 이 말에 담긴 신학적 의미는 놀랄 만한 것이지만 여기서는 가장 핵심적인 생각만을 살펴보려 한다. 하나님은 우리가 신의 성품에 참여하는 자가 되도록 하시며 그분과 교제를 나누게 하시려고 우리에게 필요한 모든 것을 주시는 분이다. 기독 병원 역시 이와 같아야 한다.

단편적으로 볼 때, 기독 병원들이 하나님과 연합하여 존재하고 그리스도의 이름을 증거하는 병원이 될 때, 그곳은 그분의 성전이 될 것이며 자기 백성을 구속하고 회복시키기 위해 그들과 함께 거하시고자 하는 하나님의 뜻을 보여 줄 것이다. 이것은 결코 완성은 아니나 항상 목표가 될 것이며, 진실한 경험일 수는 있지만 완성된 실체는 아니다. 깨끗한 병실은 거룩한 성전이 되고, 환자의 머리맡은 베데스다가 되어야 하며, 수술실은 솔로몬의 행각(참고. 행 5:12-16)이 되어야 할 것이다. 이것은 추구해야 할 이상인 동시에 순종해야 할 명령이다. 예수 그리스도의 이름을 소유한다는 것은, 우리가 하나님의 자비로우심을 드러내고 그리스도의 사랑을 세상에 보여 줌으로써 다른 사람들이 이를 보고 그 이름을 믿어 생명을 얻게 해야 한다는 것이다.

3

의료선교의 철학

성부와 그의 음유시인은 우주의 바깥 테두리에 앉았다.
땅을 지으신 이가 말씀하셨다. "나의 노래하는 자야,
이것이 내 모든 끝없는 하늘들의 절정이다.
내 모든 희망이 담긴 녹색과 갈색의 지구."
그분은 팔을 뻗어 둥근 새 행성을 잡아 귀에 대셨다.

"시인아, 그들은 울고 있다." 그분이 말씀하셨다.
"아무 희망 없이 처참하게 울고 있어."
그분이 그 작은 공을 아들에게 건네자, 아들도 그것을 귀에 댔다.
"고달픈 날은 계속되고 그들의 울음소리도 그치지 않는구나.
마치 울기 위해 태어난 것처럼 그렇게 살다 죽는구나.
우리가 새로 만든 인간이 타락 속에서 그들을 울게 만들었구나."

"지구에는 평화가 없어. 때로 어떤 이들은
지구가 그 어리석음에서 자유로워지기를
간절히 바라지. 그러나 전쟁뿐이야.
인간은 피와 탐욕으로 뒤범벅이 된 채, 싸우다 죽어 간다."
그 둘은 피 흘리는 지구를 바라보았다.*

캘빈 밀러

* Calvin Miller, *The Singer* (InterVarsity Press, Downers Grove, Illinois, 1975), pp. 102-103.

제2차 세계대전 전까지 한국에 나와 있던 미국 남장로교 선교부의 의료 정책은 전주, 군산, 광주, 순천, 목포 등에 작은 병원을 유지하는 것이었다. 이런 정책의 수행은 현지에 배치된 의료선교사들에게 전적으로 의존하고 있었고, 그 결과 몇몇 병원은 선교사들이 휴가를 가거나 병 때문에 어쩔 수 없이 미국으로 돌아가면 의료 요원의 부재 상태가 되었다. 의사 브라운Dr. G. T. Brown은 한국의 선교 역사에서 이 문제를 지적했다.

여러 해 동안 의료 활동의 심각한 문제는 의료 요원들이 너무 빨리 바뀐다는 점이었다. 과로와 적은 예산으로 너무 많은 일을 하도록 요청받을 때 생기는 좌절감으로 인해 의료선교사는 일반 선교사에 비해 훨씬 손실이 컸다. 오늘날까지 단 한 명의 미국 장로교 의료선교사만이 정년까지 남아 한국에서 봉사할 수 있었다.•

매년 계속되는 의료 요원 확보의 불확실성 그리고 질병이나 화재에 의한 파손으로 말미암는 어려움에도 불구하고 개척지에서의 의료 활동은 오랫동안 유지되었다. 전주에서는 다섯 명의 의사가 간헐적으로

• George Thompson Brown, *Mission to Korea* (Board of World Missions, Presbyterian Church, 1962), p. 70.

봉사하다가 의사 로이드 보그스Dr. Lloyd K. Boggs가 16년에 걸쳐 원장직을 수행했으나, 그마저도 태평양 전쟁이 발발하면서 모든 선교사가 철수할 때 끝이 났다. 전주의 기록을 보면 다음과 같다.

- 1897년   의사 매티 잉골드Dr. Mattie Ingold가 24달러에 구입한 초가에서 여성들을 위한 진료소를 시작하였다.
- 1902년   해리슨 씨Mr. Harrison가 잉골드를 위해 새 건물을 건립했다.
- 1904년   포사이스가 이곳의 원장이 되었지만, 1905년에 강도에게 사고를 당해 중단되었다.
- 1911년   30병상 규모의 병원이 건립되었고, 의사 토머스 대니얼Dr. Thomas Henry Daniel이 원장이 되었지만 1915년에 건강상의 문제로 사임했다. 이때부터 예수병원으로 알려지게 되었다.
- 1915년   의사 로버트슨Dr. M. O. Robertson이 원장으로 취임했다가 1918년에 사임했다.
- 1922년   의사 티몬스Dr. H. L. Timmons가 원장으로 취임했다가 1926년에 사임했다.
- 1924년   의사 로이드 보그스가 전주에서 활동하도록 임명받았고, 1940년 신사 참배 문제로 병원 문을 닫을 때까지 봉사했다.
- 1934년   화재로 전소된 병원은 이듬해 보그스에 의해 40병상으로 다시 건립되었다.

1947년에 한국에 돌아온 의사 폴 크레인Dr. Paul S. Crane이 제2차 세계대전 후 선교지에 도착한 첫 번째 신임 의료선교사였다. 선교부의 요구에 따라 의사인 그와 간호사 마거릿 프리처드Margaret Pritchard R. N.는 의료 활동의 기회를 재평가하기 위해 선교 지역을 돌아보았고, 그 결과 "선교부는 지역마다 일반 병원을 설립하려던 전쟁 전의 계획으로 돌아가기보다는, 의료 프로그램을 통합하여 전주에 양질의 시설과 적절한 인력을 갖춘 의료원 하나를 세우는 데 주력하고, 이곳에서 수련의, 간호사, 전문 의료 기사에 대한 적절한 훈련이 이루어지도록" 할 것을 권고했다.•

나와 아내는 1954년 4월, 전주에 있는 의료원 팀에 합류했다. 그때는 단기적으로 환자 수용 능력을 150병상까지 확대할 수 있는 새 부속 건물을 건설하는 중이었다. 간호학교는 공산당이 물러간 뒤 다시 문을 열었다. 많은 피난민은 한국전쟁으로 인한 사회적 혼란을 단적으로 나타내는 지표가 되었고, 우리 병원은 매일 상상할 수 없을 만큼 많은 질병과 방치 상태의 환자로 가득 차 마치 전쟁터와 같았다. 이런 상황에서 우리는 수련 병원을 설립해서 학생들이 의과 대학 졸업 후 외과와 내과 수련을 받도록 시도하는 한편, 임상병리사 훈련 과정을 만들었으며, 간호학교도 계속 운영했다. 내가 결핵에 걸리자 소아과 의사인 프랭크 켈러Dr. Frank Keller가 도우러 왔다.

1960년, 한국에도 각 전문 분야에 따라 학회가 조직되었고, 우리도 인턴과 레지던트의 수련 과정을 인정받기 위해 각자 국가고시를 통해

• 같은 책, pp. 183-184.

자격을 승인받게 되었다. '졸업 후 수련' 개념은 예수병원이 가장 먼저 도입하고 개척했지만, 이 발상이 전국적으로 채택되었을 때는 전문화에 대한 열의가 워낙 대단해서, 일반의들의 수련을 위한 대비는 아무것도 이루어지지 않았다.

한편에서는 두 개의 다른 의료 사업이 진행되고 있었다. 광주에 있는 그레이엄기념병원(현재의 광주기독병원)은 원래 의사 허버트 코딩턴 Dr. Herbert Codington의 지휘 아래 결핵 환자를 보살피는 의료 기관이었다. 1962년 의사 로널드 디트릭 Dr. Ronald Dietrick이 온 뒤 한편으로 결핵 사업을 계속하면서 종합병원이 되기 위해 진료 범위를 확장했다. 순천 근교에 있던 윌슨 나환자 병원도 의사 스탠리 토플 Dr. Stanley Topple이 1960년에 그곳 책임을 맡으면서 재활 기관으로서 새로운 역할을 시작했다.

보그스에 의해 26년 전 전주에 세워진 병원 건물은 견고하기는 했으나, 1961년까지는 현대적 교육 센터로서의 기초를 잡지 못했다. 건물은 금이 간 파이프, 막힌 배수관, 부실한 전기 배선들로 임시 변통식이라 확장할 여지가 없었다. 이러한 어려움을 내다본 간호사 프리처드와 나는 1965년 교회여성연합회 생일 헌금 Women of the Church's Birthday Offering의 기금을 우리 병원이 받을 수 있도록 요청했다. 크레인은 1962년에 휴가에서 돌아왔고, 3년 동안 선교사팀은 병원 확장의 필요성에 대해 집중적으로 연구했다. 선교부는 예수병원을 폐교 예정인 초등학교 위치로 옮기기로 결정했다. 1964년에는 독일 본 Bonn에 있는 복음 선교 본부 Evangelical Central Agency에 보조금을 신청했다.

병원 확장을 꿈꾸고, 계획하고, 모금 운동을 벌이고, 절충하고, 기도하던 시간들을 회고해 보면 하나님은 '용머리 고개의 기적'—즉 전주의 서쪽 변두리(현재는 도시 확장으로 중심지가 되었다—옮긴이)에 위치한 새로운 병원—을 이룩할 수 있도록, 인간의 힘으로 극복할 수 없었던 많은 장애물을 제거해 주셨다는 확신이 든다. 그러나 병원 건립을 기다리던 몇 년 동안은 결과를 확실히 예측할 수가 없었다. 나중에 우리는 일이 지연되는 것도 하나님의 계획에서 필수적인 부분이었다는 사실을 알게 되었다. 한 예로 당시에는 이자율이 대단히 높았기 때문에 일이 지연됨으로 말미암아 그 시간 동안 우리 고향 교회에서 보내 준 기금이 증식되는 결과를 낳았다. 폴 크레인과 당시 행정을 맡고 있던 메릴 그럽스Merrill Grubbs는 건물을 짓기 위한 자본을 한국에 가져와 한국의 은행에 투자해 두기로 결정했으며, 그 결과 기금은 두 배 이상으로 불어났다. 사실 이것은 1969년 말에 최종 승인된 500만 마르크의 보조금을 초과한 액수였다.

그러나 병원 건립을 기다리던 그 몇 년 동안 훨씬 더 중요했던 일은 의사 존 윌슨Dr. John Wilson이 우리와 함께 봉사하며 '지역사회의 건강'이라는 새로운 분야로 우리를 인도해 나갔다는 점이다. 그래서 새로운 병원이 건립된다면 우리의 기본 사업 계획의 성격을 바꾸기 위해 공동으로 참여해야 함을 확신하게 되었다. 이 변화는 우리의 교육 활동을 줄인다는 의미가 아니라, 우리를 둘러싸고 있는 시골 지역에 의료를 제공하는 것 역시 우리의 중요한 임무라는 사실을 받아들인다는 것을 뜻했다.

1969년 폴 크레인이 22년간의 봉사를 마치고 퇴직할 때만 해도 독일의 보조금은 아직 결정되지 않았었다. 그가 갑작스럽게 떠난 뒤 여름 몇 달 동안 하나님은 보조금 승인에 장애물이 되었던 문제들을 제거해 주셨고 10월 10일에 우리는 아주 즐거운 소식을 듣게 되었다. 병원 건립을 계획하고 건축하느라 분투했던 지난 몇 년과 1969년부터 시작된 재정비 기간의 수많은 사건들을 일일이 소개할 수는 없지만, 병원의 이름으로 붙여진 예수라는 이름에 합당한 병원을 한국의 남서부에 세우겠다는 공동의 목표를 실현하기 위해 온 생애와 정열을 쏟아 부은 많은 동료들에게 경의를 표하지 않을 수 없다. 우리는 이곳에 전문성이 뛰어나면서 자비심을 갖고 있는 병원, 또한 과학적이면서도 복음을 전하는 병원을 설립하려 했다. 우리는 예수 그리스도의 의료인 제자들을 모아, 어려움에 처한 개개인을 향한 따뜻한 관심을 통해 한 인간으로서, 가족의 일원으로서, 사회의 일원으로서 하나님의 성품을 나타내고자 했다.

요약해 보자. 예수병원이란 이름에 합당한 병원이 되기 위해서 우리가 추구해야 할 것들은 무엇인가?

1. 우리는 질병 중심이기보다는 인간 중심이어야 한다. 마이클 윌슨의 경고는 옳았다. 의료의 진보와 더불어 더 많은 사람이 더 많은 진료를 원하게 되었다. 구 병원에서 이전한 직후부터 우리는 세 배가 넘는 외래 환자를 보게 되었고 두 배가 넘는 입원 환자를 관리하게 되었다. 이로 인한 업무량의 증가는 우리의 원래 목표에 큰 위협이 되기도

했다. 매일 일과 시작 전에 드리는 예배, 매주 토요일 아침의 성경 공부, 신앙 강조 주간의 활동들이 우리 병원의 전통이 된 것도 바로 그런 이유 때문이다. 그러한 많은 요구에 직면하면서 우리는 하나님의 능력이 필요하다는 사실을 절실히 깨달았다. 병원 인력을 고용할 때 철저한 종교적 자질을 요구한 것도 이런 개념의 일부분이었다. 즉 그리스도는 우리의 구주시며 하나님이심을 고백하지 못하는 사람은 병원에서 봉사할 자격이 주어지지 않았다.

2. 하나님의 진리와 자비가 우리 공동의 삶을 지배해야 한다. 우리는 하나님이 말씀을 통해 보여 주시는 진리의 타당성과 과학적 탐구를 통해 밝혀지는 진리를 구별하지 않는다. 하나님은 창조자이시며 지배자이시기 때문에, 우리는 이 사회의 의심, 상대주의, 음모 속에서 신뢰, 원칙, 개방성과 같은 위험한 모험들을 받아들인다. 인간의 모든 일을 지배하시는 하나님은 이런 위험한 것들을 이미 아신다고 확신하기 때문이다. 또한 하나님은 구속자시며 죄를 용서하는 분이시기 때문에 우리 역시 환자들에게 자비롭고, 서로 용서하는 마음을 가져야 한다. 우리가 가르치는 것과 우리가 행하는 것은 일치해야만 한다.

3. 우리는 예수 그리스도의 복음의 말씀에 절대적으로 순종해야 한다. 우리는 화해의 작업을 위탁받았다. 복음 전파는 우리 모두의 일이다. 우리가 보살피는 생명들은 영원의 차원을 갖고 있다. 우리는 그리스도의 구속의 은총을 간구하는 환자들의 궁극적인 필요를 놓쳐서는

안 된다. 지역사회로 우리의 책임 영역을 넓혀 가면서도 개인의 가치를 중시하며, 그들이 자신의 가족이나 마을의 건강 문제에 대한 협의에 참여하도록 유도해야 한다.

4. 우리는 교회의 치료하는 손이 되어야 한다. 비록 이 개념이 우리의 목표를 정의하는 것은 아니지만 이것은 중요하다. 병원은 그리스도 안에서 풍성한 삶의 메시지를 만드는 일 가운데 교회가 해내지 못하는 부분을 완수하는 역할을 담당하며 이것은 곤경에 처한 인간의 실존과 밀접한 관계가 있다. 교회와 기독 병원의 관계는 유기적이며 상호보완적이어야 한다. 지배적이 되거나 파벌을 이루어서는 안 된다. 교회는 우리가 효과적으로 그리스도를 증거하는 일에 관심을 갖고 있으며 우리 역시 교회의 성장에 일익을 담당하고 있다.

5. 지역사회는 우리가 의술을 행하는 교구다. 도움을 청하려 문을 두드리는 환자들, 마지막으로 의지할 막다른 골목으로 들어온 환자들, 복합적이거나 중증으로 병이 진행된 사람들과 응급 환자들, 우리를 찾는 절망적인 사람들을 우리는 책임져야 한다. 그러나 세상에는 자신의 무지와 가난으로 인해 치료의 혜택을 받지 못하는 사람들이 있고, 자신의 만성적 절망 상태에 분노를 느끼지 못하기 때문에 불필요한 고통에 자신을 방치해 버린 사람들도 있다. 이들 역시 우리가 사역해야 할 대상이다. 우리는 그들에게 다가가서 그들의 고통을 치료하고 그들의 생활 방식과 연관된 질병을 예방해야 한다. 또 병에 대한 그들의 책임

을 일깨워 줌으로써 예방을 계획하고 삶에 희망을 갖도록 해 주어야 한다.

이것이 우리의 사업과 증거 사역의 윤곽이다. 우리의 양심은 전인으로서 인간에 관심을 갖는 아주 유능한 의사가 될 것을 요구하며, 동시에 지역사회에 일차 의료를 제공하는 데 참여할 것을 요구한다. 우리의 관심은 개개인과 그 개인이 속한 사회에 팽팽하게 연결되어 뻗어 있다. 우리가 느끼는 이 긴장 관계가 우리의 기본자세임을 기억해야 한다.
위에서 언급한 다섯 가지의 개념 즉 그리스도를 증거하는 사람들이 모여서 질병보다는 인간을 중심에 두는 의술을 행하고, 교회의 치료하는 손 역할을 감당하며, 개인뿐 아니라 그 개인이 속한 사회에까지 하나님의 진리와 자비를 드러내는 일을 해야 한다는 이런 생각들을 실천해 나가면서 우리는 매일 많은 문제와 씨름하고 있다. 우리가 직면하는 실제적 문제들은 이러하다. 첫째, 병원비를 지불할 능력이 없는 환자의 재정적 평가를 어떻게 개별화할 것인가? 둘째, 대기실에서 기다리는 외래 환자가 넘치는 상황에서 수련의 교육을 위해 얼마만큼의 시간을 투자할 수 있을까? 셋째, 생명 연장의 수단이 되는 고가 장비를 들여옴으로써 의료 경비가 증가하고 따라서 가난한 환자를 위한 사역에 제한이 뒤따르게 마련인 상황에서 장비 구입은 어떤 기준으로 결정할 것인가? 넷째, 어느 정도로 질병의 치료에 노력을 기울여야 하며, 병의 예방에는 어느 정도로 전념해야 하는가?
우리가 이에 대한 모든 해답을 가지고 있다고는 말할 수 없다. 아마 좀 더 나아지기 위한 것이겠지만 때때로 좌절하기도 한다. 기독의료위원단은 병원의 형태가 비효율적이고 불공정하다고 비난했다. 이 비평을 토대로 우리 나름의 기록을 다시 한번 평가해 보자.

첫째로 **불공정하다는 비난**에 대해서는 다음과 같은 입장을 밝힐 수 있다.

- 우리는 위급한 상황을 결코 외면하지 않는다. 어떤 그리스도의 사도가 한 생명을 구하는 비용으로 100명의 질병을 막을 수 있다는 구실로 그 생명을 포기할 수 있겠는가? 그 비용이 이론적 위기 상황을 막는 데 도움이 되기 때문에 실제로 위급한 상황에서 생명을 구하는 것을 포기할 수 있을까? 나는 그런 이론에 얽매인 편협한 양심을 가진 그리스도인 의사를 본 적이 없다. 우리는 단지 하나님이 우리에게 주신 능력으로 그러한 요구들을 해결하기 위해 도움이 필요한 곳에 보내신다고 믿을 수밖에 없으며 또 그래야만 한다.
- 무료 의료 보장이란 없다. 단지 무료 환자만이 있을 뿐이다. 누군가, 어딘가에서 비용을 지불해야만 한다. 우리 병원의 경우 무료 환자 진료비의 상당 부분은 유료 환자가 지불한 진료비로 감당한다. 의료 혜택이 필요한 수많은 가난한 환자들을 위한 이 '로빈 후드의 원리'Robin Hood Principle는 여러 가지 신빙성 있는 평가 아래 채택되고 수행되어야 한다.
- 지역사회 보건 사업도 비용이 든다. 또 우리는 이 사업이 우리 일

의 절대적인 부분임을 강조해 왔다. 유료 환자들은 이 사업 역시 보조한다. 한국에서 이루어진 다른 지역의 모험적인 보건 사업을 연구해 보았지만 어느 곳도 자립한 곳은 없다. 병원을 중심으로 하지 않은 모든 사업은 해외로부터 온 자금에 의존하고 있었다.

둘째는 **비능률성에 대한 비난**에 관한 것이다. 우리 병원만 해도 극히 적은 사람들에 대해서만 그들의 온갖 요구에 부응하고 있다는 사실을 알고 있고, 이런 심각한 불균형은 의료 보장을 이용하는 도시 대 시골 인구의 비율에도 나타난다. 우리는 다음과 같은 사실을 관찰할 수 있었다.

- 우리 병원의 환자 중에서 시골 환자의 비율이 1956년에서 1975년까지 52퍼센트에서 44퍼센트로 감소했고 농촌 인구의 비율은 같은 기간에 75퍼센트에서 66퍼센트로 줄어들었다. 감소율은 거의 비슷하다. 중요한 문제는 병원에 찾아오는 농촌 인구의 요구에 대해 우리가 얼마나 개개인을 중요시하고, 얼마나 깊은 연민을 가지고 대할 수 있는가 하는 점이다. 효율적인 사회 사업부도 결정적인 역할을 감당한다.
- 만일 모든 종합병원이 어떤 인구 집단 지역을 대상으로 일차 진료를 감당하기로 한다면, 의료 전달 체계의 발전에 상당한 영향을 줄 수 있다. 우리는 일차 진료를 제공할 수 있는 집단의 규모를 확장하기 바라고 있다. 그러나 그 결과는 특정 지역사회가 자

신의 복지를 받아들이는 데 얼마나 책임감이 있느냐에 따라 달라질 수 있다.
- 언제쯤 또 어떤 수준으로 정부가 자원 봉사 단체의 역할을 대신하거나 보충해서 책임을 질 것인가? 우리는 지역사회의 가장 궁핍한 부분을 줄이기 위해서 현재 우리가 속한 지역뿐 아니라 도(道) 전체에 걸쳐서 정부의 사업에 동참할 것이다.

미국 장로교회의 의료에 관한 성명에서 강조된 바와 같이 "치유healing는 치료cure 이상을 의미한다."* 우리의 기본적인 임무는 치유하는 것이고, 이것은 환자의 삶에서 그들의 의사가 되시는 그리스도의 사역을 필요로 하는 것이다. 우리는 치유와 화해의 메시지를 위임받았지만, 환자의 운명은 결국 내 등 뒤에 계시는 위대하신 의사에 대한 믿음에 달려 있다.

치료가 불가능할 때에도 치유가 이루어진다는 것이 점차 분명해진다. 소아마비 환자의 마른 다리는 부목으로 고정시킬 수 있으나 본래의 불구는 어쩔 수 없이 남아 있기 마련이다. 성형수술 기술이 가끔 경이로운 일을 해내지만 젊음의 아름다움을 회복시키지는 못한다. 암 환자는 대개 완치되기가 힘들다. 육체적인 영역 이상을 고려하지 않는다면 하나님이 인간이 온전해지도록 역사하신다고 말하거나 하나님은 모

- "Health Care: Perspectives on the Church's Responsibility"(Division of Corporate and Social Mission, General Assembly Mission Board, Atlanta, 1976).

든 인간이 건강하기를 바라신다는 말은 거짓이다. 그러나 치유와 건강이 단순히 삶의 육체적인 그리고 심리적인 질서 유지를 목표로 한다고만 설명할 수는 없다. 예수는 생명을 주시는 영이시며 그분의 부활의 능력은 건강에 대한 육체적 정의의 한계를 초월한다. 이 사실을 알 때, 우리는 하나님의 시각으로 온전함의 의미에 접근하게 될 것이다.

"건강은 권리이지, 특권은 아니다"라는 말을 여러 차례 들었다. 이런 멋진 말에 수긍은 가지만 성경은 이와 같은 관점에 동의하지 않는다. 성경은 모든 피조물이 썩어짐의 종노릇을 하며 "함께 탄식하며 함께 고통을 겪고 있"다고 말한다(롬 8:22). 육체적 질병은 모두 하나님의 뜻에 상반되는 것이라거나, 육체적 건강(혹은 건강의 결핍)은 그리스도인들에게조차 영혼의 건강(혹은 그것의 결핍)을 측정하는 척도가 된다고 생각하는 것은 아주 얄팍하고 근거 없는 소리에 불과하다. 우리의 자비로우신 하나님 아버지는 모든 피조물의 고통을 심히 괴로워하시지만 그분의 영원하신 의와 사랑이 이생에서 항상 육체적 치유로 나타나는 것은 아니라고 나는 믿는다. 고통 역시 인생의 일부다. "우리가 잠시 받는 환난의 경한 것이 지극히 크고 영원한 영광의 중한 것을 우리에게 이루게 함이니"(고후 4:17). 결국 이렇게 말하는 것이 옳다. 건강**관리**는 모든 인간의 권리가 되어야 하며, 마치 그리스도의 고난이 극심했을 때 하나님의 위로가 충만했던 것처럼, 건강을 즐길 수 있는 사람들은 그런 특권을 갖지 못한 사람들의 고통에 동참해야 할 의무가 있다. 육체적 고통이든 다른 형태의 것이든 인간의 고통은 하나님을 슬프게 하는 것이지만, 하나님에 대한 반역만큼 큰 악은 없다.

죽음(육체적 죽음)이 인간에게 일어날 수 있는 최악의 것이 아니라는 월슨의 견해는 분명 옳다. 최악의 것은 영혼의 죽음이며 하나님의 영광으로부터 영원히 분리되는 것이다. 고통받는 자를 향한 우리의 모든 노력은 이런 진리 체계 속에서 이루어져야 한다.

4

신앙과 과학을
초월한 진리

기독교는 단순히 다른 교의와 비교되거나 판단되어서는 안 된다. 기독교 교리는 절대적인 것이기 때문에 참과 거짓을 판단하는 최후의 수단이 되어야 한다. '하나님은 예수님 안에서 자신의 모습을 나타내셨고, 예수님의 죽음으로 인간과 자신을 화해시키셨으며, 예수님의 부활을 통해 영원한 죽음의 정복을 선포하셨다.' 이 말이 다른 교리보다 훌륭하다거나 그렇지 못하다고 판단될 수는 없다. 그것은 오직 다른 교의들이 진리인지 거짓인지를 판단할 뿐이다.*

키트우드

* T. M. Kitwood, *What Is Human?* (InterVarsity Press, London, 1970), pp. 136-137.

미국의 총회 선교 평가부에서 온 한 방문객이 내 사무실에서 열린 우리 병원 간부들의 토론 자리에 함께 앉아 있었다. 각 분야의 책임자들은 어떻게 하면 예수병원의 독자적 특성을 살릴 수 있을지에 대한 구상을 이야기하고 있었다. 곧 모든 교파의 그리스도인과 여러 의과대학에서 배출된 의사들이 함께 모여 공동의 목표인 하나님을 섬기는 곳, 간호의 질을 끌어올리기 위해 노력하는 곳, 해마다 진료를 위해 찾아오는 약 10만 명의 환자에게 전례 없는 복음의 기회를 제공하는 곳, 과학과 신앙이 아무런 마찰 없이 만나 하나님의 진리를 나타내는 곳이라는 특성이다. 장로이며 임상 심리학자인 이 방문객은 "미국에는 여러분이 여기서 이루려고 하는 바의 모델이 없습니다"라고 말했다. 아마 그럴 것이다. 그렇지만 여러 발전 단계에 있는 세계의 많은 기독교 의료 기관들이 우리와 똑같은 문제를 안고 씨름하고 있다. 미국에도 의학계의 양심 있는 그리스도인들은 공동으로 하나님의 구원의 사랑을 나타내기 위한 기관들을 세울 방법을 찾고 있다. 나의 이 작은 책은 어느 대륙에서든 의료선교를 행하는 모든 사람을 위한 것이다. 우리의 경험과 전망이 아마도 많은 경우(상황)에 적용되지 않을지도 모른다. 그러나 빠르게 발전 중인 나라에서 선교 사업을 하는 대표자들로서 우리는 빈곤한 나라와도, 선진국과도 동질감을 느낄 수 있다. 이런 상황에서 우리는 기독 병원을 하나님의 성품을 드러내는 증거물로 생각하는 우리의 신념을 설명하고자 한다.

이 개념에는 적어도 네 가지 차원이 있다.

1. 기독 병원은 신앙과 과학을 초월한 진리에 대한 증언이 되어야 한다.
2. 기독 병원은 인간의 가치라는 개념을 간수하는 보고(寶庫)가 되어야 한다.
3. 기독 병원은 예수 그리스도의 탁월성에 대한 목격자가 되어야 한다.
4. 기독 병원은 사랑의 생활 방식을 드러내는 시위가 되어야 한다.

이 장에서는 위의 기준들 중 첫 번째 것에 대해 생각해 보려고 한다. 여기에서 말하는 진리는, 낭만적인 어떤 이상이 아니라 실제로 존재하는 무엇을 의미한다. 기독교 세계관을 분명히 말하지 않고도, 교리와 질병의 관계를 생각하지 않고도, 신앙과 과학의 상호작용(또는 대립)을 고려하지 않고도, 창조된 우주와 괴로워하는 한 인간의 곤경 사이에 어떤 연결고리가 존재하는가를 숙고하지 않고도 기독 병원의 운영과 계획에 참여할 수 있다는 것은 의심의 여지가 없다. 기독교적 의료에 참여하는 데 필요한 형식적 요건을 충족하는 종교성과 경건의 모양을 지닌 의료인이 있을 수 있다는 것 또한 의심의 여지가 없다. 그렇지만 지도층이 기독교 세계관을 확립하지 못한 병원은 쉽게 곤경에 빠진다. 그것은 진흙 발을 가지고 있어서, 과학주의나 세속 실존주의의 맹공격을 견뎌 내지 못하고 얼마 못 가 영적 목표를 타협할 것이다.

쉐퍼F. Schaeffer에 따르면, 서양 인류 역사는 철학의 여정이며 철학의 세 가지 고전적 원리 가운데 두 가지는 이미 사라져 버렸다고 한다. 그 세 가지 원리는 1) **합리주의**rationalism, 즉 인간이 전적으로 그리고 절대적으로 인간 자신으로부터 출발하여, 개별적인 것들에 대한 정보를 모으고 이것으로부터 보편적 명제를 도출해 낼 수 있다는 생각, 2) 인간이 이러한 탐구를 수행하는 과정으로서 **합리적 논리**rational logic, 3) 이러한 추구의 목표로서 **지식의 통합된 영역 구축**이다. 여기서, 궁극적 진리의 존재에 대한 물음과 관련된 것을 제외하고, 철학의 역사를 토론하는 것은 우리의 목적을 벗어난다.

생각하는 인간은 누구나 나름의 세계관을 갖고 있으며, 그리스도인으로서 우리는 우리 자신이 진리를 탐구하고 지혜를 사랑하는 철학자임을 인식해야 한다. 위에 제시된 세 가지 원리가 서양 철학을 특징짓게 된 것은 그 뿌리인 그리스 사상과 유대-기독교적 관점 사이에 대화가 시작되면서부터였다.

고대 서양의 모든 철학자는 "이성의 타당성을 향한 인간의 열망이 충분한 근거가 있다는 생각에 기초하여 활동했다"*는 사실을 우리는 명심해야 한다. 논리적 사고는 반정립antithesis의 방법론을 전제로 하여, 어떤 사물과 그 대조를 비교함으로써 그 사물을 규정한다. 즉 "어떤 사물이 참이면, 그 반대는 거짓이다.⋯이것이 바로 하나님이 우리를

- Francis A. Schaeffer, *Escape From Reason* (InterVarsity Press, London, 1968), p. 35. 『이성에서의 도피』(생명의말씀사).

창조하신 원리이며 다른 여지는 없다.···고전적 논리의 기초는 'A는 비(非)-A가 아니다'라는 것이다."** 철학자를 자처하는 사람들의 기본적인 문제는 보에티우스Boethius, 480-524에 의해 제기되었다. "보편 개념과 그것을 예증하는 개개의 사물은 어떠한 관계가 있으며 이것을 알고 있는 인간의 마음과는 어떤 관계가 있는가?"***

그리스 사상과 기독교 사상 사이에 교량을 놓은 사람은 아우구스티누스Augustine, 주후 354-430다. 그는 보편 개념과 개별적인 것의 연결 고리로서 '파생된 존재'derived existence라는 개념을 도입했다. 즉 피조물의 존재는 하나님의 존재로부터 파생된다는 것이다. 이와 대조적으로 아퀴나스Aquinas, 주후 1225-1274는, 활동적인 지성은 하나님으로부터 파생된 것이나 하나님의 직접적 현현이 아니라 그 자체로 존재하는 것이며 "모든 지성은 자기 스스로, 혼자서 피조된 목적을 충족시키기에 몰두한다"***고 주장했다. 그래서 아퀴나스는 인간의 지성이 자율적이라는 개념을 출범시켰다. 이러한 개념은 합리주의에 자극을 주었고, 따라서 인간의 탐구는 지성으로 받아들일 수 없는 정보를 제공하는 자료에는 조금도 의존하지 않게 되었다. 아퀴나스는 계시된 진리의 존재를 의문시하지 않았으나 그의 사상의 영향으로 자라난 계몽사상은 이에 대해 의문을 제기했다. 점차 자연의 영역(그리스 사상에서의 개별자)이 은

-    같은 책.
- ••   Anicius Manlius Boethius, quoted in Anne Freemantle, *The Age of Belief, The Medieval Philosophers* (The New American Library, New York, 1954), p. 70.
- •••   Anne Freemantle, "St. Thomas Aquinas", 앞의 책, p. 150.

총의 영역(헬라 철학의 보편자)을 집어삼키며 확장되었고, 결국 인간에게는 자신의 지식에 의미를 부여하거나 그 지식을 하나로 묶어 줄 수 있는 어떤 것도 남지 않게 되었다. 쉐퍼는, 칸트 시대까지 서양의 모든 철학자가 모든 생명을 아우르는 답을 찾으리라는 희망에 매달렸다고 제시한다. 헤겔에 이르러 반정립의 사고(제2원리)가 밀려났고, 인류는 지식에 대한 아무런 합리적 기초 없이 남게 되었다. 키르케고르Kierkegaard와 실존주의는 통합된 지식(제3원리)에 대한 탐구를 포기하였다. 궁극적 진리 추구는 폐기되었고 인간은 절대적인 것들 없이 남게 되었다. 쉐퍼는 다음과 같이 말한다. "우리가 지식과 진리에 도달하는 방법에 관한 이러한 개념상의 변화는 오늘날 기독교가 직면하고 있는 가장 중요한 문제다."•

이러한 사고의 발전은 기독 병원에게 의미심장하다. 과학과 신앙을 나란히 놓는 의료 기관은 그리 많지 않다. 기독 병원이 아닌 일반 병원은 윤리적 사안들에 대해 침묵하거나 '요청에 의한 낙태'에 대해서처럼 사회적 합의를 묵인할 수 있다. 다른 한편으로, 병원과 연관된 교회는 공개적 입장을 밝힐 수도, 하지 않을 수도 있으나, 교회 내 양심 있는 의료인을 제외하고는 교회가 직접 윤리적(그리고 법적) 시비에 말려들지 않으려 한다. 기독 병원에서 절대자에 대한 믿음은 결코 이론적인 문제가 아니다. 그것은 태어나지 않은 아이들의 생명에, 중환자실에서의 치

• Francis A. Schaeffer, *The God Who is There* (Hodder and Stoughton, London, 1970), p. 12.

열한 치료 과정에, 그리고 자신의 직업적 신념을 형성 중인 젊은 의사와 간호사의 양심에 영향을 미친다.

병원이나 다른 기관이 하나님의 성품을 드러내기 위해서는 하나님의 본질에 대해, 하나님의 우주적 사역, 피조물을 향한 그분의 태도, 피조물을 위한 그분의 개입에 대해, 그리고 인간에게 하나님같이(사랑하고 이타적이며 올바르고 자비롭게) 될 수 있도록 권한을 부여하신 것에 대해 어느 정도 이해가 있어야만 한다. 하나님은 자연의 일부가 아니며, 우주 내부의 닫힌 계closed system에 속한 일부분도 아니고, 오직 우주의 저작자이자 창조자로서 우주 바깥에 계시다는 것을 이해해야 한다. 우리가 하나님의 진리를 드러낼 수 있으려면 다음 네 단계를 깨달아야 한다.

첫째, 절대적 진리가 존재한다는 것을 확신해야 한다. 이 말이 쓸데없어 보일지도 모르지만, 틸리히 계열의 자유주의 신학은 하나님을 불가지(不可知)의 '전적 타인' 그리고 비인격적 '존재의 기반'Ground of Being이라고 강조함으로써, 인간 존재가 궁극적 진리를 확실하게 파악할 수 있는지에 대해 심각한 회의를 던졌다. 역사적으로 기독교의 관점은 절대적 진리가 하나님의 성품 위에 굳건히 서 있다는 것이었다. 이 하나님은 창조하시며 또한 말씀하시므로, 무엇이 팩트인지는 창조의 증거로부터, 그리고 하나님이 인간에게 계시하신 우주와 역사, 인간 그리고 하나님 자신에 관한 정보로부터 추론할 수 있다. 하나님은 참된 모든 것의 궁극적 근원이시다. 아서 홈즈Arthur F. Holmes 교수가 말한 것처럼,

만약 우리가 하나님이 전지하신 창조주이심을 고백한다면, 그분은 인간이 알고자 하거나 행하고자 하는 모든 것에 대한 완전한 지식을 갖고 계시다. 그분은 물리적 질서에 대해서 완벽하게 알고 계시며, 인간과 사회에 대한 진리 그리고 우리가 가장 당혹스러운 순간에 우리가 의아하게 생각했던 모든 것에 대한 진리도 완전히 알고 계신다. 이것을 초기 교회의 교부들은 다음과 같이 요약하였고, 이것은 이후로 모든 그리스도인 학자에게 영원한 길잡이가 되었다. **"어느 곳에서 발견되든지, 모든 진리는 하나님의 진리다."** *

둘째 단계는 신앙과 과학의 통합을 개발하는 것이다. 계시된 진리와 과학적 진리는 둘 다 하나님의 창조성과 의사 전달의 표현이다. 파스칼은 어떤 식으로든 창조자에 대한 배움 없이는 진리를 탐구하거나 발견할 수 없다고 말했다. 그는 '물리적 세계의 수학적 정확성'에 깊은 감명을 받았다.** 근대 과학자 가운데 한 사람인 케플러는 과학이란 '하나님을 좇아 하나님의 생각을 생각하는 것'이라고 말하였다.*** 그리고 쉐퍼는 역사의 기초가 되는 사실을 파악하고 있었는데, 즉 현대 과학은 그 주체(연구자)와 객체(실험 자료)가 모두 창조된 우주의 일부라는

- •   Arthur F. Holmes, *The Idea of a Christian College* (William B. Eerdmans Publishing Co., Grand Rapids, 1975), pp. 24-25. 『기독교 대학의 이념』(CUP).
- ••   Blaise Pascal, *Pensees and Provincial Letters* (The Modern Library, Random House, New York, 1921).
- •••   Johann Kepler, quoted by Charles E. Hummel, "The Natural Sciences", in *Christ and the Modern Mind* (InterVarsity Press, Downers Grove, Ill., 1972), p. 234.

사실로 인해 내재적 상호 관계를 갖는다고 해석하는 서구적 개념에 의해서만 가능하다고 했다. "과학의 전 영역은, 하나님이 세상을 지으시되 만물을 그 안에 함께 서도록, 그리고 만물이 서로 관련되도록 지으셨다는 사실에 근거한다."•

그리스도인 과학자나 의사라고 해서 우주에 대한 과학적 사실을 모두 이해한다거나 성경에 있는 모든 문제를 반드시 해결했다는 것은 아니다. 그들은 단지 하나님 안에서 모든 사실이 궁극적으로 정연하게 일관될 것이라고 믿는 것이다. 어떠한 성경적 계시나 과학적 탐구도 모든 진리의 총괄적 근원을 제공하지는 못한다. 하나님은 진실하게 당신의 뜻을 나타내시지만 모든 것을 빠짐없이 말씀하시는 것은 아니다. 어떤 것을 완벽하게 알기 위해서는 하나님이 무한하신 것처럼 우리도 무한한 존재여야 한다. 그러나 진리가 모든 것을 총괄하지 않는다고 해서 그것이 참된 진리가 아니라는 말은 아니다. 홈즈는 이 문제를 간결하게 요약하였다. "만약 모든 진리가 하나님의 진리이며, 진리가 오직 하나라면, 하나님은 자신을 부정하실 수 없고 결론적으로 성경에서 가르치는 진리와 다른 근원(학문 영역과 같은)에서 얻을 수 있는 진리 사이에는 어떠한 갈등도 없을 것이다."••

세 번째 단계는 하나님의 진리에 기초한, 기독교 의료 세계관을 정

- Francis A. Schaeffer, *He is There and He is Not Silent* (Tyndale House, Wheaton, Ill., 1972), p. 68. 『거기 계시며 말씀하시는 하나님』(생명의말씀사).
- •• Arthur F. Holmes, 앞의 책, p. 26.

립하는 것이다. 모든 상황에 적절하고 실제적인 철학을 제시하는 것은 우리의 능력 밖의 일이지만, 특정 개념들은 아주 중요하기 때문에 의학에서도 우선순위를 두어야 한다. 이것은 우주, 인간, 악의 존재에 대한 것이다.

- **우주.** 그리스도인들은 인격적인 우주의 존재를 믿는다. "이는 내 아버지의 세계라."* 창조 질서의 막대한 복잡성은 우리가 이해할 수 없는 하나님의 지성을 증거하였다. 해 질 무렵 서쪽 하늘에 펼쳐지는 찬란한 빛깔의 향연, 미풍에 살랑거리는 꽃, 나이팅게일의 노랫소리는 아름다움을 사랑하시는 하나님을 증거한다. 물리적 힘들의 수학적 상호작용이나 광활하게 펼쳐진 은하수는 하나님의 질서와 무한성을 말해 준다. 때로 자연은 아주 잔인하고 비인격적이어서 아무도 그 노여움을 피할 수 없다. 하지만 그리스도인들은 어떤 것도 예수 안에 있는 하나님의 사랑으로부터 인간을 분리시킬 수 없다는 사실을 알고 있으며, 어떠한 산사태나 지진 혹은 해일도 그 영원한 관계를 변화시킬 수 없음을 안다.

  그리스도인은 또한 우리가 이 땅에서 하나님의 대리인임을 알고 있다. 우리는 우연이 아니라 위임에 의해, 이 행성과 모든 동식물의 생명, 모든 자원, 모든 에너지, 모든 사람을 관리하는 청지기로 세워졌다. 그리스도인은 지구를 다스리고, 자연을 지배하며, 형제자매를

- This is my Father's world. 새찬송가 478장 "참 아름다워라"의 원제 — 편집자.

지키는 자가 되어야 한다. 병원은 그 청지기 일을 맡은 하나의 소우주다. 거기서 우리는 중증의 심장 부정맥을 제거하기 위해 전기 자극 치료를 하고, 보이지 않는 신체 장기를 찾기 위해 방사성 동위 원소를 사용하며, 미세 혈관 수술을 연마하기 위해 동물 실험실을 활용하고, 암 세포를 파괴하기 위해 감마선을 사용한다.

우주는 하나님의 피조물이며 인간에게 위탁된 것일 뿐 아니라 인간의 지성과 호기심을 위한 실험실이다. 나뭇잎, 화석, 염색체, 별, 이 모든 것은 인간의 관심을 불러일으키고 마음을 자극한다. 왜? 어떻게? 언제? 어디서? 유대-기독교 전통의 과학자들은 하나님이 주신 지적 능력을 훈련함으로써 병의 원인과 건강에 이르는 방법을 발견하라는 도전을 받으며 하나님 앞에 서 있다. 이러한 도전은 삶의 본질이다. 왜냐하면 해답은 있으며, 하나님은 유한한 지성에 의해서도 이해될 수 있는 체계를 가진 우주를 만드셨기 때문이다. 또 우주는 단순한 우연의 소산이 아니며, 자연에는 혼돈이 아닌 질서가 있기 때문이다. 그러므로 병원에서 일하는 신실한 그리스도인들은 정확한 진단을 위해 그들의 두뇌를 혹사하면서까지 정상 생리 및 병태 생리, 해부학적 연관성 그리고 인체의 치유, 회복 과정을 예상하여 치료 계획을 제안한다. 왜냐하면 하나님은 살아 있는 유기체와 이 유기체의 복잡한 생화학적 기능들을 형성하신 분이며, 또한 우주를 계속 유지하기 위해 역사하시며, 아픈 사람들의 상처를 치료하기에 여념이 없으시기 때문이다.

- **인간.** "사람이 무엇이기에 주께서 그를 생각하시며 인자가 무엇이기에 주께서 그를 돌보시나이까. 그를 하나님보다 조금 못하게 하시고 영화와 존귀로 관을 씌우셨나이다. 주의 손으로 만드신 것을 다스리게 하시고 만물을 그의 발 아래 두셨으니"(시 8:4-6). 성경은 우리에게, 인간은 특별한 피조물이며, 하나님의 형상을 지녔고, 영광스런 목적을 위해서 창조되었다고 말한다. 또 인간이 비록 태양계의 행성들을 탐험할 수 있을지라도 스스로를 다스릴 수는 없는 존재이며, 창조주를 반역한 비참한 타락자라고 말한다. 그러나 또한 성경은 인간이 하나님의 섭리와 은총의 대상이라고 말한다. "하나님의 섭리는 악을 억제하고 인간의 인성을 보존하며, 하나님의 은총은 하나님의 형상을 회복시키고 하나님의 영광을 위해 인간의 힘을 거룩하게 하신다."•

다음 장에서 인간 가치의 신비에 대해 다룰 것이지만, 우리가 여기서 반드시 고려해야 할 것은 인간의 가능성이다. 함마르셸드 Hammarskjold의 문구가 생각난다. "하나님이 사랑하시는 것처럼 생명을 사랑하고 인간을 사랑하라. 인간의 무한한 가능성을 위하여."•• 인간은 하나님의 임재 안에서 영원한 기쁨과 불멸과 영광스러운 운명을 위해 창조되었다. 모든 인간은 성취 또는 그 반대의 가능성을 제 손안에 쥐고 있다. 프로그램된 인간은 없다. 모든 인간은 자유롭게 선택할 수 있고 자신의 선택에 책임을 져야 한다. 이 영광의 가능

-    Holmes, 앞의 책, p. 23.
- •   Dag Hammaskjold, *Markings* (Alfred A. Knopf, New York, 1965), p. 127.

성은 태어나기 전부터 이미 시작된다. 예레미야는 모태에서부터 하나님을 섬기는 데 전념했다고 말한다. 다윗은 자신의 출생 이전, 즉 자신이 태아일 때부터 하나님의 책에 기록되었다고 고백했다. 낙태법을 위한 로비 활동이 대법원에서는 승리할지 모르지만 성경적 세계관을 추구하는 의사들은, 아직 태어나지 않은 인간 생명의 가능성과 신성함에 대한 구절들을 무시할 수 없다.

나는 우리 병원에서 파열된 제대 탈장ruptured omphalocele 상태로 태어난 아기를 기억한다. 부모는 수술을 거절했다. 나는 변호사에게 이러한 경우 법적 행동을 취할 수 있는지 의뢰해 보았으나 한국의 법에 따르면 병원 측은 어떠한 행동도 취할 수 없었다. 사흘 뒤에 그 아기는 복막염으로 죽었다. 이런 경우가 종종 일어나는데, 이 나라에서는 사회심리학적으로 아기에게 이름을 붙여 주기 전까지는 아직 인격체가 아니라고 취급하기 때문이다. 종종 아기들은 생후 100일의 축하식을 맞이하기 전까지 이름을 받지 못하는데, 이 기간 동안 아기는 어정쩡한 상태에서 자신의 생존 능력, 어쩌면 인간이 될 권리를 스스로 증명해야 한다. 우리가 한국에 온 초창기에는 쌍둥이가 태어나면 그중 건강해 보이는 아기에게만 젖을 먹이고 다른 아기는 죽을 때까지 물만 먹이는 풍습이 있었다. 그때 우리는 가족에게 아무 비용도 부담시키지 않는다는 조건으로 다른 쌍둥이에게 병원에서 인공적으로 영양 공급을 할 기회를 달라고 애써 주장하여 그 아이의 생명을 구할 수 있었다. 부모로부터 버림받은 아이들을 우리가 건강하게 보살피고 결국 입양을 주선한 경우가 얼마나 많았던가! 우리는 이러저러한 수술이나 처치를 할 경우 아이의 생존율이 50퍼센트라는 말을 가족에게 절대로 하지 말라고 배웠는데, 한국인의 사고방식으로는 그 반대 수치인 사망률 50퍼센트에 초점을 맞추기 때문이었다. 그래서 아이가 집에서 죽도록 데려가는 것이 훨씬 더 낫다고 생각하는 것이다.

이제까지 한 설명의 요점은, 그리스도인 의사라면 사회적 합의나 문화적 관습이 어떠하든지, 인간 생명에 반하는 입장을 취해서는 안 된다는 것이다.

이것은 단지 인간 생명을 값싸게 취급하는 세력에 맞서는 투쟁의 문제가 아니다. 여기에는 좀 더 미묘한, 그러나 좀 더 만연한 문제가 있다. 즉 **생명의 의미**에 관한 문제로, 흔히 생명이 위태로운 상황에 있을 때 가장 치열하게 의미를 찾게 된다. 이와 관련한 내 실수들이 생생하게 떠오른다. 나는 환자들이 죽기 직전 짧은 시간을 함께 있곤 하는데, 이때 의사로서 환자의 영적 필요를 돌보는 일이 참으로 어려움을 고백한다. 우선, 도저히 뒤집을 수 없는 확률에 맞서서 생명을 구하기 위한 긴급 처치를 한다. 바로 이 순간에, 절망적인 그의 상태를 전달하지 않으려고 환자에게 그리스도에 관해 이야기하는 것은 정말 악취미로 보일 것이다. 결국 환자의 의식은 점차 희미해지고, 곁에 있는 가족들은 흐느끼기 시작하며, 짧은 진실의 순간은 영원히 지나가 버린다. 결국 후회와 실패로 좌절하며 우리는 다시 다음 위기로 분주해진다. 우리의 임무는 살아 있는 생명에 대한 것이니까.

결과적으로 기도의 능력에 우리를 맡겨 보지도 않고, 우리가 행할 수 있는 다른 모든 조치보다도 환자의 영원한 운명을 그에 합당한 우선순위에 두는 용기도 없이, 단지 철학적 구실이나 심리적 기제만으로 우리는 어둠의 세력에 대항해 투쟁하고 있다. 수련의들 앞에서 환자와 함께 기도할 때, 흐려지는 두 눈에 희망의 빛이 반짝 어릴 때가 있었고, 신앙과 과학을 뛰어넘는 진리가 영원한 순간의 원칙과 방침이 된 때도 있었다.

- **악.** 이 세상에서 악의 문제를 해결한 의사는 얼마나 적은가! 이삼십 년에 걸친 암과의 투쟁 끝에 결국 깊은 실의에 빠져 버린 암 전문의들을 나는 알고 있다. 나도 종양 진료소에서 하루를 보내면 깊은 좌절에 빠지기도 한다. C. S. 루이스Lewis의 표현을 빌리자면, "암 그리고 암 그리고 또 암. 내 어머니, 아버지 그리고 아내. 다음은 누구 차례인지 두렵기만 하다!"[•]

이와 관련해 나에게 가장 큰 도움을 준 것은 쉐퍼가 요한복음 11장을 분석해 놓은 것이다. 예수님은 마리아와 마르다의 동네에 이르러 마리아가 우는 것을 보시고 "심령에 비통히 여기"셨다. 예수님도 눈물을 흘리셨다. 나중에 무덤에 이르러서도 "다시 속으로 비통히 여기"셨다. 이 두 구절에 쓰인 헬라어 단어는 신약의 다른 곳에서는 발견되지 않는다. '영적인 분개'를 뜻하는 단어인 '엠브리마오

- C. S. Lewis, *A Grief Observed* (The Seabury Press, New York, 1961), p. 14. 『헤아려 본 슬픔』(홍성사).

마이'*embrimaomai*는 내면의 심한 분노를 나타내는 말이다. 기니스Guinness가 논평했듯이, 하나님의 아들로서 아버지의 세상에 들어오신 예수님은 "질서, 아름다움, 조화, 충만함이 아니라, 분열된 무질서와 적나라한 추함과 완전한 엉망진창을 목격하셨다. 모든 곳에서 하나님의 계획은 실패였다. 나사로의 죽음은 악과 고통, 슬픔, 불의, 잔악함, 절망이 누적된 총체를 상징했다. 결국 그분은 슬픔에 잠겨 있는 친구들을 위해 눈물을 흘리셨고, 또한 죽음의 잔혹한 변칙을 마음 깊이 비통히 여기셨다."•

이제야 나는 이 분노를 이해할 수 있을 것 같다. 암을 마주했을 때 그 감정을 느꼈기 때문이다. 『아버지는 내 아픔을 아시는가?』*Does My Father Know I'm Hurt?*에서 나는 이 분노를 의인화된 악, 사탄의 원형으로 묘사했고, 치료자가 그 적과 생사를 건 투쟁을 시작할 때, 그의 사악한 적에 대한 분노의 긴장감을 유지해야 할 필요성에 대해 언급했다.•• 하지만 쉐퍼는 예수님의 분노, 하나님의 분노를 묘사하는 데서 더 나아가, 하나님이 이 세상의 악, 즉 **옳지** 않은 것에 대해 분노를 느끼신다는 사실을 아는 것이 우리에게 얼마나 큰 위안이 되는지를 명백히 보여 준다. 그러므로 우리가 세상에서 악에 맞서 싸울 때, 우리는 하나님의 뜻에 맞서는 것이 아니라 신성한 투쟁에서 하나님

• Oswald Guinness, *The Dust of Death* (InterVarsity Press, London, 1973), p. 385. 『제3의 종족』(신원문화사).

•• David John Seel, *Does My Father Know I'm Hurt?* (Tyndale House, Wheaton, Ill., 1971), p. 36. 『아버지는 내 아픔을 아시는가?』(생명의말씀사).

께 합류하는 것이다.*

많은 이들에게 창세기 1-10장은 다소 신화적이다. 그렇지만 성경에서 이 고대 부분을 떼내 버릴 경우 발생하는 실제적 결과는 단순히 창조의 교리, 하나님의 형상을 지닌 인간 존재의 교리, 또한 지구를 다스리는 청지기로서의 인간 지위에 대한 교리를 폐기하는 데서 그치지 않고, 신학적이고 철학적인 엄청난 문제를 만들어 낸다. 아담과 하와의 타락에 관한 교리 없이는 이 세상의 악에 대한 해답이 없고, 하나님의 완전한 창조가 영원한 손상을 입었다는 사실과 우리의 우주가 정상을 벗어났다는 사실과 죄와 죽음이 인간의 반역을 통해 이 세상에 들어왔다는 사실을 이해할 수 있는 근거도 없다. 나는 믿음에 관한 성경의 기록을 받아들이기를 원하는데 그 이유는 내가 성경의 권위를 인정하는 견해high view를 갖고 있기 때문이기도 하지만, 그것이 인간의 이성을 위한 우주적 투쟁의 참여자로서 겪은 내 삶의 경험과 일치하기 때문이다. 내가 믿기로, 사탄의 세력과 주 하나님의 군대 사이에는 영적 갈등이라는 초자연적 영역이 있다. 사도 바울은 그것을 이렇게 썼다.

우리가 육신으로 행하나 육신에 따라 싸우지 아니하노니
우리의 싸우는 무기는 육신에 속한 것이 아니요

---

* Francis A. Schaeffer, *He is There and He is Not Silent* (Tyndale House, Wheaton, Ill., 1972), p. 32.

오직 어떤 견고한 진도 무너뜨리는 하나님의 능력이라.
모든 이론을 무너뜨리며
하나님 아는 것을 대적하여 높아진 것을 다 무너뜨리고
모든 생각을 사로잡아 그리스도에게 복종하게 하니. (고후 10:3-5)

기독 병원은 이 싸움이 벌어지는 전쟁터다. 기독 병원은 질병, 고통, 절망, 인간의 생명을 경시하려는 유혹, 가난에 대한 수치심과 죽음에 대한 공포, 과로에서 오는 압박감과 힘겨운 선택에 대한 스트레스, 이 모든 세력이 싸우는 투기장이다. 우리 모두는 이 싸움에서 양심적인 참가자가 된다. 만약 우리가 하나님의 진리에 대한, 그분의 권능에 대한, 사랑과 자비와 정의와 성실이 풍성하신 그분의 자원에 대한 분명한 확신이 없다면, 우리는 등 뒤로 양손이 묶인 채 싸우고 있는 것이며, 이는 마치 한 손으로만 수술을 하려고 애쓰는 것과 같다.

마지막으로, 의학의 우선순위를 다시 정립해야 한다. 하나님의 진리는 사회의 사고 패턴과는 근본적으로 다르다. 모든 인간은 하나님의 형상을 지닌다. 창조세계 전체가 청지기인 인간의 발아래 놓여 있다. 전 우주가 우리의 탐험지다. 인간은 영광을 위해 창조되었고 하나님이 구원을 베푸시는 은총의 대상이다. 모든 인간 생명은 하나님 보시기에 신성하다. 건강은 하나님을 향한 접근이긴 하나 궁극적 기준은 아니다. 우리는 때로 악이 우세한 비정상적 우주 질서 안에 살고 있다. 하나님은 분노를 느끼시며 우리도 그래야 한다. 궁극적 투쟁은 영적인 것이다.

예수님의 십자가는 역사의 중심 사건이다. 예수 그리스도는 만물의 척도시다. 그분은 내 환자를 적막한 고독 속에 버려두지 않으실 것이다.

전문의의 패턴은 전부 뒤집어질 수도 있다. 전문가의 단편적 시각에서 벗어나야 한다. 우리는 하나님 보시기에 귀한 전인(全人)을 대하고 있다. 생명과학에서 벗어나야 한다. 우리는 건강과 생명에 대해 이야기하고 있다. 외견상 굉장한 것에서 벗어나야 한다. 우리는 실재적인 것을 이야기하고 있다.

5

인간의 가치를
보존하는 보고(寶庫)

서양의 생활양식은 갈림길에 접어들었다. 영생을 위한 노력은 돌이킬 수 없는 결정을 내려야 하는 시점에 이르렀다. 우리는 인간보다 더 높은 존재를 언급하지 않은 채 우리 자신의 운명을 만들어 나가는 과정을 계속해 나간다. 얼마나 많은 아이가 태어나야 하는지, 그 시기는 언제인지, 어떤 다양성을 지닐지, 어떤 생명이 유지될 만한 가치가 있고 어떤 생명이 밀려나야 하는지, 누구로부터 신체 장기—신장, 심장, 생식기, 뇌까지도—를 떼내어 누구에게 이식할지 등을 우리 스스로 결정함으로써.

또는, 우리 자신의 목적을 추구하는 대신 한 발 물러나, 창조주의 목적을 이해하고 그것을 받아들일 수도 있다. 우리 종교와 문명의 창시자가 우리에게 가르쳐 준 것처럼, 진정한 겸손으로 "당신의 뜻이 이루어지이다"라고 기도함으로써.

과거의 인간들이 살아남았듯이, 우리 역시 에너지 위기와 인플레이션, 전쟁, 혁명, 반란 속에서 살아남을 수 있다. 하지만 우리가 필멸의 존재라는 기본적 한계를 넘어선다면, 그리하여 우리 자신이 신이 되고 우주가 된다면, 그때 우리는 확실히 그리고 마땅히 지상에서 소멸할 것이다.*

맬컴 머거리지

---

* Malcom Muggeridge, quoted in C. Everett Koop, *The Right to Live; The Right to Die* (Tyndale House, Wheaton, Ill., 1976), p. 80.

우리와 같이 선교 사업을 하던 한 친구가 몇 년 전 캘리포니아 북쪽 힐스보로Hillsboro 마을 외곽에서 일어난 열차 사고에 대한 이야기를 들려주었다. 마을 사람들은 사고 현장에 모여들었고 현장 지휘자로부터 한 사람이 아직도 잔해 속에 갇혀 있다는 사실을 들었다. 마을의 의사와 보안관은 위험을 무릅쓰고 뒤틀린 잔해 더미로 다가가, 그 사람을 짓누르고 있는 기차 몸체에서 그를 빼낼 수 있을지 살펴보았다. 그를 구조하기는 불가능했다. 얼마 후 사람들은 그를 구하려는 노력을 포기했다. 마을 보안관은 모인 사람들에게 "너무 걱정들 마십시오. 그 사람은 그저 부랑자일 뿐이에요"라고 말했다. 그러자 잔해더미 속에서 부상당한 사람이 가쁜 숨을 몰아쉬며 외치는 소리가 들려왔다. "난 부랑자가 아니오. 나는 제시 스미스요." 그러고서 그는 숨을 거두었다.

거의 25년째, 나는 전통적으로 인간의 내재적 가치를 인정하지 않는 문화에서 살고 있다. 이 말은 아시아인들이 서구인과 똑같은 인간적 열망, 사랑과 안전에 대한 자연적 욕구, 행복을 추구하는 성향을 갖고 있지 않다는 의미가 아니다.

미국에서 나는 자기 자신을 존중하지 않는 사람은 그 누구도 존중할 수 없다고 배웠다. 자신의 가치를 비하하는 사람은 모든 사람의 가치를 비하할 수 있는 것이다. 그리스도는 "네 이웃을 네 자신과 같이 사랑하라"(마 19:19)라고 말씀하셨다. 이 말씀은 우리의 이웃과 우리 자신 모두 사랑할 만한 가치가 있음을 의미한다.

그런데 동양에서는 자존self-respect의 문제가 수직적 신분 체계와 교묘한 형태의 예절과 관련되어 있다. 모든 사람이 자신의 위치가 어디쯤인지 학습하거나 더 높은 지위로 올라가기 위한 방법을 배우느라 엄청난 시간을 쓴다. 하지만 이런 것은 모든 인간의 가치에 대한 올바른 평가를 만들어 내지 못한다. 사실은 정반대다. 예를 들어, 6년간 의예과와 의학과 교육 과정을 수료한 의사는 왜 새벽 2시에 일어나서, 간질 발작으로 불 속에 뛰어든 거지를 치료해야 하는가? 동양에서는 개인이 내재적 가치를 지닌다고 생각하지 않는데, 이는 그러한 개념을 위한 기초가 없었기 때문이다. 인간의 가치에 대한 이 기초는 서양에서도 점점 침식되어 가고 있다. 오늘날 서구 사회의 개인은 그가 이제껏 경험한 것들보다 더 강력한, 비인격화하는 세력들에게 짓밟히고 있다. 그것은 사회 전반에 침투하는 절망의 대기를 만들어 낸다. 인간 생명의 가치를 훼손하는 이 세력들을 몇 가지 살펴보자. 이 세력들 중 첫째인 인구 폭발의 위기는 세계적 현상이지만 세계의 저개발 지역에서 더 극심하다. 둘째와 셋째는 기본적으로 서구 문화에 적용되는 것이지만 그에 대응하는 두 가지는 동양에 근거를 두고 있다.

1. 인구 폭발. 「리더스 다이제스트」Reader's Digest의 통계 도표에 따르면 1776년 세계 인구가 8억에 도달하기까지는 400만 년이라는 시간이 걸렸다.* 이후 200년 동안 41억 명으로 증가하였고 현재의 증가율(38년

•   *Readers Digest* (January 1977), p. 55.

마다 두 배가 되는)로는 2014년에 82억 명이 될 것이라 한다.˙ 24시간마다 세계의 인구는 295,602명씩 증가하고 있으며, 이는 2초마다 7명이 태어나는 셈이다. 한국에서는 연 인구 증가율을 2.17퍼센트에서 1.9퍼센트까지 낮추는 단호한 노력이 있었다. 그러나 이런 비율로도 38년이면 두 배가 된다.

    나는 플로리다에서 태어났는데, 걸프 해변의 모래사장을 밟으며 노닐던 행복한 기억이 있다. 드넓은 하늘과 파도와 해변은 한동안 나만의 것이었으며, 어느 누구의 발자국도 보이지 않았다. 몇 년 전에는 메모리얼 병원에서 교육을 받느라 뉴욕에서 2년을 보냈다. 그때 여름날 오후에 한두 번 롱아일랜드 해변으로 나선 적이 있다. 그러나 모래사장을 가득 채운 어수선한 인파 때문에 도저히 물가로 나아갈 수가 없었다. 머지않아 미국의 모든 해변이 치솟는 인구로 인해 망가질 것이라 생각하니 두려운 생각마저 들었다. 한편, 아시아에서는 해변만의 문제가 아니다. 어느 곳에 가든지 사람들과 만날 수밖에 없다. 남한은 세계에서 인구 밀도가 세 번째로 높은 나라이며 이상한 우연인지는 몰라도 한국말에는 '프라이버시'privacy라는 단어가 존재하지 않는다. 인구의 과잉으로 인해 미국에서든 아시아에서든 개인은 이제 더 이상 유일한 존재라고 느끼지 않으며, 군중 속에서 **무명의 존재**가 되어 버렸다. 이런 잉여의 느낌은 어쩔 수 없이 사고의 핵심을 바꾸어 놓았다. 무의식적으

˙ 이는 저자가 참고한 1977년 통계상의 추정치로, 실제 2014년의 세계 총 인구는 72억 4400만 명이었다. 유엔의 발표에 따르면 전 세계가 인구가 80억 명에 도달한 것은 2022년 11월 15일이다.—편집자.

로, 생명을 아주 값싸게 여기게 된 것이다.

2. 기술 시대. 서구 세계에서 개인의 가치를 말살하는 두 번째 세력은 기술의 시대다. 성취를 위한 궁극적 기준으로 능률, 안전, 성공을 선택한 인간은 맨 먼저 자기 대신 일할 기계를 만들었고, 그다음 자기를 대신해 기계가 의사소통을 할 수 있게 했으며, 그다음으로 자기 대신 생각까지 하게 만들었다. 인간의 탐구욕은 과학적 발견을 이끌었고, 이 과학적 발견은 지식의 폭발을 불러일으켰으며, 그에 따라 정보 처리의 필요성이 대두되었고, 이로써 사회의 수많은 조직이 중앙 집중식 컴퓨터로 통제되기에 이르렀다. 이 과정 **속에서** 인간은 과정**의** 희생자가 되고, 생명의 의미에 대한 감각을 상실한다. 점차 인간의 기술적 능숙함은 더 효율적인 전자회로로 대치되었다. 인간이 수행하는 작업은 점점 더 비인격적 기준에 기초해 평가되고, 숫자로 도식화되며, 데이터 저장 시설에 제공된다. 매일매일 그의 사고는 사회의 규범을 수립하는 매스컴을 따라 형성된다.

그 결과는 **프로그램화된 인간**이다. 그런 인간은 어느 정도 선택의 자유를 유지할 수는 있겠지만, 결단력은 무뎌지고, 자신의 운명을 조절하는 감각은 상실하고 만다. 공공연히 기술주의technocracy를 옹호하는 사람들도 있다. 그러나 이것은 빗나간 것이다. 기술주의란 기술자들에 의해 지배되는 정부이며, 그곳에서는 모든 경제적 재원과 나아가 모든 사회 체계가 과학자들과 엔지니어들에 의해 조정된다. 군산 복합체에서는, 기술주의 시대가 이미 도래했는지도 모른다. 점차적으로 인간의 창조적 재능은 자동화에 억압당하고, 대화의 내용은 텔레비전을 모방하며, 자기 운명의 선택조차 컴퓨터에 지배되면서, 인간은 더 이상 삶에서 흥미를 발견하려 하지 않는다. 인구 폭발이 인간의 개별적 독특성을 앗아가 버렸다면, 기술 시대는 인간의 목적에 대한 감각을 앗아가 버렸다. 인간은 세상에서 이름 없는 존재nameless일 뿐 아니라 의미 없는 존재meaningless가 되었다.

3. 결정론적 세계관. 20세기 후반에 개인의 가치를 짓밟는 세 번째 세력은 서구 사회에 크게 만연한 결정론적 세계관이다. 루소Rousseau, 프로이트Freud, 듀이Dewey의 사상은 인간이 단지 환경과 유전의 부산물이라고 주장한다. 만약 인간이 직접 경험을 통해 배울 수 있는 것 외에는 궁극적 진리에 대한 다른 모든 근거를 거부하고 오직 자신으로부터 시작한다면, 이런 결정론적 관점이 불가피하다. 자연이 법칙들의 지배를 받는다는 것을 배운 인간이 진리의 다른 근원은 없다고 단정한다면, 그는 점차 인생과 지식의 모든 면면을 자연의 통제 아래에 둘 것이다. 결과적으로 그는 자신의 육체, 정신, 영혼, 심지어는 자신의 인격까지도 확률이라는 수학 법칙과 인과 관계라는 생리화학 법칙에 내주고 만다. 그러고 나면 인간은 기계에 불과해지며, 이러한 사실을 참을 수 없기 때문에 그는 결국 절망에 빠지게 된다. 이 세계관에는 도덕적 속성이란 것이 없다. 사랑도 더 이상 존재하지 않는다. 아름다움이란 단지 임의의 신경생리학적 인식일 뿐이다. 인간의 이름 없음과 의미 없음에 최악의 결과가 더해진다. 인간은 생명 없는 존재lifelessness가 되어 버린다.

4. 자연의 우월성. 각 문화의 사고방식에 영향을 미치는 주요 차이점들 중에, 자연을 바라보는 동서양의 대조적인 태도가 있다. 앞 장에서 언급한 바와 같이, 땅을 정복하고 다스리라는 성경의 명령은 서양 사람들이 지구를 탐험하고 자연의 법칙과 비밀을 발견할 뿐 아니라 그것들을 이용하여 자연의 힘을 인간의 지배 아래 종속시키는 데 도움을 주었다. 그러나 동양에서는 전통적으로 그런 개념을 입에 담지도 못했다. 오히려 인간이 자연의 힘과 조화를 이루는 것에 대해 논하고, 자연이 그러하듯 상호 공존하는 형태를 이룩하고자 했다. 하지만 일반적으로 자연이 인간보다 우위에 있다고 인식되었다. 수 세기에 걸친 홍수, 지진, 기근 같은 재앙들로 인해 동양 사람들은 자연의 힘에 순응하는 것을 배웠다. 더욱이 동양의 사상에는 인격적 신의 존재가 없는데, 그로 인해 신의 뜻은 '하늘'만이 아니라 자연 질서 속에 항상 포함되어 있는 다른 자연 신들의 무수한 판테온에 귀속되었다. 인간은 다른 형태의 자연 현상들과 근본적으로 구별되지 않는다. 앞에서 언급한 기술주의의 결과처럼 여기서도 선택의 여지는 거의 없다. 동양에서 인간의 목적은 종종 생존의 문제와 집안의 대를 잇는 것에 국한된다. 가족은 가장 중요하게 여겨지며, 친척이 아니거나 부양할 의무가 없는 사람, 어떤 호의도 기대할 수 없는 사람들의 생명에는 거의 가치를 부여하지 않는다.

5. 종교적 수동성. 동양 종교가 서양의 '잃어버린 세대'lost generation 에게 매력적으로 느껴진 것은 결코 우연이 아니다. 인간이 기계로 전락

할 때, 절대 진리가 알 수 없는 것이 될 때, 모든 생명이 수학적 확률의 산물일 때, 인간이 무(無)로 환원될 때, 인간은 본질적으로 불교 철학에서 말하는 열반의 상태, 즉 무의 축복에 이르게 된다. 그곳에는 선이나 악이 존재하지 않으며, 잔인함이나 잔인하지 않음이 없고, 기쁨이나 슬픔이 없으며, 오직 고통 가득한 세상에서 물러난 안온뿐이다.

이름 없음, 의미 없음, 생명 없음. 의미 없음이 기술주의의 비인격화로 인한 것이든, 철학적 비인격화로 인한 것이든 그 결과는 마찬가지다. 생명 없음이 결정론적 환원주의로 인한 것이든, 종교적 환원주의로 인한 것이든 그 결과 역시 마찬가지다.

내 일은 한국의 시골에서 암 환자들을 대하는 것이다. 이곳이 인간의 가치를 위해 싸우기에 그리 적절한 장소가 아닐지도 모르겠다. 이 나라에서 암 진단은 곧 자동적으로 사형 선고와 같으며, 이곳의 생존 경제는 그런 위험에 포위된 인간 생명을 구조하기 위해 아무런 노력도 기울이지 않는다. 암에 걸린 사람은 버려진 아기나 거지, 죄인, 창녀 그리고 '문둥병자'와 같이 비인간으로 강등된다. 그러나 동양에서 기독 수련 병원을 설립한 우리의 목표는 인간을 향한 이런 침묵의 비인간성에 반대하고, 항의하고, 그것을 비난하는 데 있다. 이런 이유로 암과 싸우고, 이런 이유로 한밤중에 수술을 하며, 이런 이유로 파상풍에 걸려 며칠 동안 생명이 위태로운 어린아이에게 몇 번이고 인공호흡으로 산소를 공급한다.

세계 경제, 기술적 진보, 현대나 고대의 철학 사상 그 어디에도 개인의 가치에 대한 근거는 없다. 오직 신·구약성경에만 인간의 고귀함에 대한 희망이 존재한다.

주의 손가락으로 만드신 주의 하늘과
주께서 베풀어 두신 달과 별들을 내가 보오니
사람이 무엇이기에 주께서 그를 생각하시며
인자가 무엇이기에 주께서 그를 돌보시나이까?
(시 8:3-4)

참새 두 마리가 한 앗사리온에 팔리지 않느냐?
그러나 너희 아버지께서 허락하지 아니하시면
그 하나도 땅에 떨어지지 아니하리라.
너희에게는 머리털까지 다 세신 바 되었나니
두려워하지 말라. 너희는 많은 참새보다 귀하니라.
(마 10:29-31)

기독 병원이 인간의 존엄성을 수호하는 유일한 곳은 분명 아니다. 하지만 기독 병원은 인간 생명의 과정에 필연적으로 관계되어 있기 때문에 기독교의 가치 체제를 수호하는 가장 중요한 부분을 떠맡고 있다. 이런 점에서 볼 때 기독 병원은 인간의 가치를 보존하는 보고(寶庫)로 불릴 수 있다. 하나님의 말씀에는 인간의 가치에 대한 이런 교리를 확고히 뒷받침해 주는 세 가지 개념이 있다. 각 개념은 하나님의 속성에 관계된 가르침으로, 인간의 가치란 항상 파생적인 것이다. 복음이 전파

되는 곳이면 어디나 이 세 가지 개념도 항상 덧붙여져야 한다. 성경이 진지하게 연구되는 곳이면 어디나 이 개념들이 제시되어야 한다.

1. 인격적 하나님

프란시스 쉐퍼는 "그리스도인으로서 나는 내가 누구인지 알고, 거기 계시는 하나님, 인격체이신 하나님을 알고 있다"라고 기술한다.* 그분은 초월적 제1원인(조물주)으로서만 아니라 한 인격으로서 존재하신다. 우리는 인간의 인격이 하나님의 인격에 바탕을 두고 있다는 사실을 반드시 이해해야 한다. 성경은 우리에게, 하나님이 인간의 콧구멍에 생명의 숨결을 불어넣으시고서야 비로소 인간이 생령, 즉 살아 있는 영혼이 되었다고 알려 준다. 창조론이냐 유신론적 진화론이냐를 논하는 것은 중요하지 않다. 하나님이 직접 자신의 생명을 '입에서 입으로' 인공호흡하듯 불어넣으신 그때, 인격체로서의 인간이 시작되었다는 사실에 우리가 동의한다는 것이 중요하다. 이것이 바로 인간 정체성의 핵심이다.

모든 환자는 하나님의 형상을 가지고 있다(이렇게 말하기는 얼마나 쉬운가? 하지만 혼잡한 진료실에서 이 사실을 기억하기란 또 얼마나 어려운가?). 자신의 이름이 불리기를 기다리고 있는 남자, 여자, 어린이, 또한 체념한 얼굴, 고통스런 얼굴, 고민하는 얼굴, 이들 모두가 하나님께 생명을 부여받은 영혼을 가지고 우리 앞에 있다. 나는 그들을 받아들여 이러한

• Francis A. Schaeffer, *The God Who is There* (Hodder and Stoughton, London, 1968), p. 154. 『거기 계시는 하나님』(생명의말씀사).

마음으로 치료하는가? 예수님은 한 걸음 더 나아가셨다. 그분은 환자의 대리인 위치에 서셨다. "그에게 행하는 것은 곧 나에게 행하는 것이다. 만약 그를 천대하면 그것은 나를 모욕하는 것이며, 만약 그를 기계적으로 대한다면 그것은 나를 업신여기는 것이다. 그를 사랑하는 것은 곧 나를 사랑하는 것이다." 과연 나는 길게 줄을 선 저 얼굴 하나하나가 내게 환자로 오신 그리스도라는 사실을 기억할 수 있을까?

하나님의 인격적 속성은 환자를 대하는 내 태도에 담겨 있을 뿐만 아니라, 내가 하나님과 맺는 관계에도 담겨 있다. 만약 내 생명의 근본이 하나님 아버지의 성품을 복제한 것이라면 하나님과의 동행을 갈망하는 것이 당연하다. 외국인으로서 혼잡한 도시의 거리를 걷다가 군중 속에서 미국인의 얼굴을 발견하면 "어디서 오셨어요? 한국에 오신 지는 얼마나 되셨나요?"라고 인사하고 싶은 충동을 억누를 수가 없다. 우리는 같은 뿌리를 가지고 있으며 같은 바위에서 떨어져 나온 사람들인 것이다. 이와 같은 갈망이, 우리의 초자연적 기원과 그 기원을 빚으신 분을 이해하는 사람들 사이에는 얼마나 더 많이 존재해야 하겠는가? 우리는 단순한 제자가 아니라, 인격적 유사성을 지닌 복제품이다. 우리는 하나님의 적법한 자녀다. 자녀와 부모 사이의 대화가 일상적으로 흘러가듯, 우리가 사람들과 함께 일하면서 즐거움이나 당혹감을 마주할 때 하나님께 드리는 기도 역시 우리의 일상적 활동 가운데 자연스럽게 흘러야 한다.

2. 알 수 있는 하나님

첫 번째 개념에서는 하나님의 인격의 결과로서 인간 정체성의 확인과 동행 관계의 지속성에 대해 다루었고, 여기서는 하나님의 진리와 말씀하심(의사소통)의 결과로서 목적 추구와 의미 이해에 대해 생각해 보자. 개인은 현실 세계에서 실존적 기반 위에서 선택의 자유(다음 행보를 계획하든 자신의 운명을 선택하든)가 있기 때문에 가치 있다. 그러나 절대적인 것들이 부정되면 삶(생명)은 그 자체로 환상이 된다. 성경은 선택의 학문science of choice에 대한 교과서다. 아브라함은 하나님의 부르심에 대답하기를 선택하여, 메소포타미아를 가로질러 가나안까지 약 1,600킬로미터를 유랑했고, 그 결과로 한 나라를 세웠다. 야곱, 요셉, 모세는 영속적인 결과가 뒤따르는 선택을 했다. 여호수아는 이스라엘 백성을 팔레스타인 북쪽에 위치한 두 개의 산으로 이끌고 가서 그들이 하나님의 복과 저주 사이에서 선택할 자유가 있음을 다시금 강조했다. 또한 우리는 성경의 곳곳에서 거듭 등장하는 주제를 마주하게 된다. "너희가 섬길 자를 오늘 택하라"(수 24:15). 인간은 프로그램되어 있지 않다. 이 사실을 누구보다도 잘 아는 것이 의사다. 정직한 의사는 자신의 선택들을 재평가해서 어떤 선택이 생명을 구했고 어떤 선택이 실패했는지를 살펴 그로부터 배우는 용기를 가진 사람이다. 만약 아주 중요한 선택에 방사성 동위 원소로 꼬리표를 달아 추적할 수 있다면, 활동적인 병원만큼 높은 섬광 계수를 나타내는 곳은 세상에 별로 없을 것이다.

병원 인턴들을 위한 오리엔테이션 메시지에서 내가 종종 사용하는 '수련의를 위한 십계명' 가운데 다음 두 가지가 이 개념에 들어맞는다.

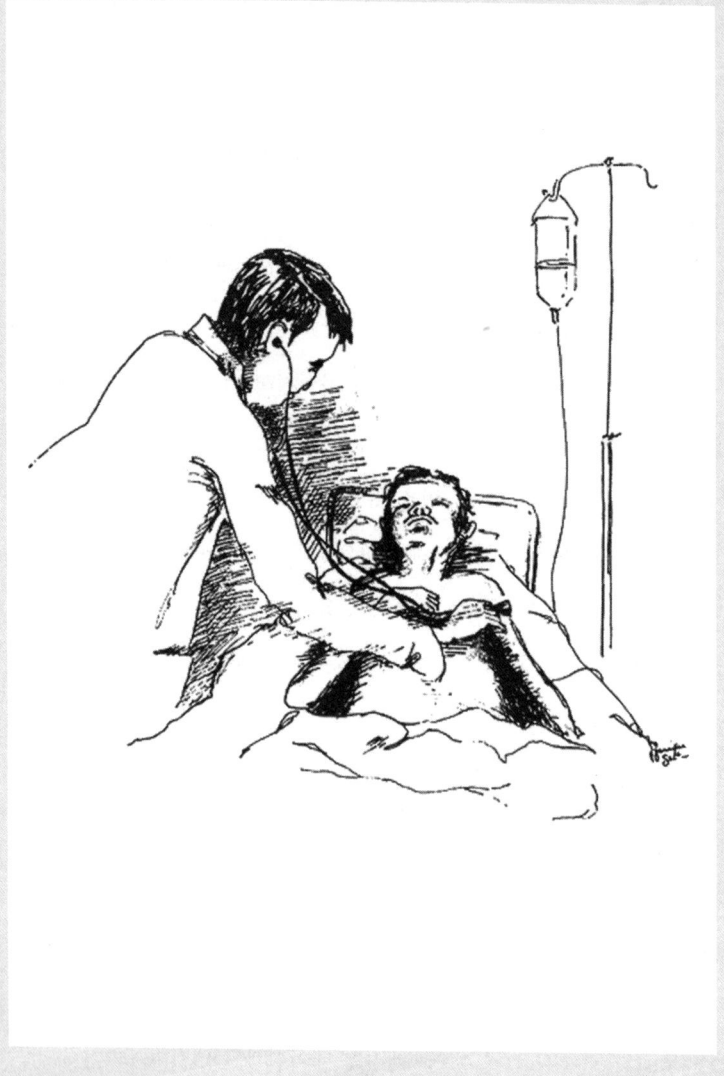

"내 모든 생애는 오늘을 위해 준비해 왔다."

"오늘이 환자에게는 가장 소중한 날이다."

그리스도인 의사들은 '될 대로 되라지' 하며 어깨를 으쓱하지 않는다. 모든 결정 하나하나가 중요하다. 우리는 현실 세계에 살고 있는 목적 있는 존재들이다. 그것은 하나님이 목적을 가지고 계신 분이기 때문이며, 하나님이 역사 속에서 일하시고 행동하시며 우리도 동일하게 일하고 행동하도록 만드셨기 때문이다.

3. 구원의 하나님

인간은 가치와 존엄성을 지닌다. 이것은 인간이 하나님의 형상대로 지어졌기 때문이고, 인간이 하나님이 진리를 계시하시는 대상이기 때문이며, 실제로 이 우주 속에서 중요하고 목적 있는 결정을 내릴 수 있는 존재이기 때문이지만 이러한 이유 때문만은 아니다. 인간이 가치 있는 또 다른 이유는, 인간의 엄청난 시도가 실패하여 조물주와의 계약을 거부했을 때, 하나님이 인간을 내치지 않으셨고 오히려 인간의 반역에 따른 결과를 예수 그리스도의 십자가를 통하여 하나님이 친히 담당하셨기 때문이다.

이상하게도 대부분의 사람이 불안해하며 서로에게 소외감을 느끼는 이유가 무엇인지 이해하지 못한다. 동서양을 막론하고, 사람들은 인생의 긴 회랑을 지나는 동안 이 실존적 중심 딜레마를 해결할 방안을 모색하겠지만, 결코 그 원인은 파악하지 못할 것이다. 이러한 추구는 서양에서 죄의식의 심리학guilt-psychology에, 동양에서는 (전통적으로 절대적 도덕 범주가 인식되지 못했기 때문에) 공포 심리학fear-psychology에 속한다. 오늘날에는 동서양의 구분이 점차 희미해지고 있으며, 전문 용어야 어떠하든지 공허the vacuum는 인간의 심령 안에 여전히 자리하고 있다. 그것은 오직 하나님만이 채우실 수 있는 하나님 모양의 공백이며, 죄로 말미암아, 즉 하나님의 계획에 미치지 못함으로써 생긴 공백이다.

 그러다가 질병이 찾아와, 한밤중에 공격하거나 야금야금 몸을 망가뜨려 결국 절망의 지점에 이르게 한다. 그래서 환자들은 복막염이나 패혈증이나 암의 말기에야 찾아와 살려 달라고 호소한다. 이 순간에 중요한 것은, 병원들이 최대한의 의료 서비스를 제공하는 데 효과적이지 못했는가가 아니다. 이 시대의 문제는 건강의 무게 중심이 지역사회에 있어야 하는지 병원에 있어야 하는지가 아니다. 위기는 매우 개인적이다. 어둠 속에서 절규하는, 잃어버린 한 영혼이다. 다른 어떤 기준에 의하면 기독 병원들이 비효율적이거나 부적절하거나 고비용이라 할지라도, 기독 병원은 이 절규에 응답하기 위해 만들어졌다. 직원 대부분이 잠자리에 든 시간에도, 야간 근무를 하는 의료 기사들과 당직 전공의와 당직 전문의들로 구성된 소수의 대원들이 이 한 생명을 붙들고 고군분투하며, 이 시간이 병원의 골든아워다. 이 대원들이 움직이는 범위는 한 인간의 운명의 원호와 일치한다. 이들은 그 시간이 생명을 살리기 위한 초읽기일 뿐 아니라 영원을 향한 초읽기라는 것을 인식하도록 훈련될 수 있을까? 기독교가 옳다면, 인간의 영혼은 영원히 살기 때문에 병원 그 자체보다 훨씬 더 가치 있으며, 한 나라나 한 민족보다도, 나아가 한 문명보다도 가치 있다. C. S. 루이스가 말했듯이, 개인은 "영속적이며 인간의 생명에 비하면 한 나라나 문명의 생명은 단지 순간에 불과하다."*

---

* C. S. Lewis, *Mere Christianity* (The Macmillan Company, New York, 1960), p. 73. 『순전한 기독교』(홍성사).

6

그리스도의 으뜸 되심에 대한 증거

장미꽃에서 그의 피를,
별들에서 그 눈의 영광을 본다.
끊임없는 눈발 가운데 그의 육신이 반짝이고,
그의 눈물은 하늘로부터 떨어진다.

모든 꽃송이에서 그의 얼굴을 본다.
천둥과 새의 지저귐은 그의 목소리,
그의 능력으로 조각한 바위는 쓰인 말씀.

그의 발로 모든 길이 다져졌고,
그의 강한 심장은 영원히 고동치는 바다를 휘젓는다.
모든 가시나무가 그의 가시관이고,
모든 나무가 그의 십자가다.*

조셉 메리 플런켓

---

* Joseph Mary Plunkett, *The Collected Poems of Joseph Mary Plunkett* (The Talbot Press, Dublin) quoted by G. Preston MacLeod, Exposition, "The Epistle to the Colossians", *The Interpreter's Bible* (Abingdon Press, New York, 1955, Vol. 11), p. 166.

4장에서 모든 진리에 대한 하나님의 주권의 원리를 제시하면서, 그에 따르는 당연한 귀결인 **진리의 통일성**unity of truth의 원리에 대해서는 언급하지 않았다. 이 역시 홈즈 교수에게 빚지고 있는데, 이 원리는 바울이 골로새 교인들에게 보낸 편지의 첫 장에 나오는 '우주적 그리스도' 단락에서 도출된다.

> 그는 보이지 아니하는 하나님의 형상이시요, 모든 피조물보다 먼저 나신 이시니, 만물이 그에게서 창조되되 하늘과 땅에서 보이는 것들과 보이지 않는 것들과 혹은 왕권들이나 주권들이나 통치자들이나 권세들이나 만물이 다 그로 말미암고 그를 위하여 창조되었고 또한 그가 만물보다 먼저 계시고 만물이 그 안에 함께 섰느니라. 그는 몸인 교회의 머리시라. 그가 근본이시요 죽은 자들 가운데서 먼저 나신 이시니 이는 친히 만물의 으뜸이 되려 하심이요. (골 1:15-18)

"만물이 그 안에 함께 섰느니라." 원자핵에서 핵이 분열되어 나올 때 얼마나 많은 에너지가 방출되는지는 물리학자가 더 잘 말할 수 있을 텐데, 원자 물질이 핵 입자들은 놀랍도록 강한 힘으로 응집되어 있다가 핵 폭발이 일어나면 아인슈타인의 공식인 $E=mc^2$에 따라 막대한 에너지를 발산한다. 그러나 여기서 성경은 우주에 존재하는 물질의 전체 구조에 대해 최상급의 주장을 한다. 즉 그것은 그리스도의 역동적인 응집력에 의해 함께 세워져 있다는 것이다. 이 주장은 신-인God-man 에 대한 우리의 일반적인 그림을 훨씬 뛰어넘으며, '마음을 날려 버릴' 정도로 우리의 관습적인 사고 차원을 훨씬 뛰어넘는다. 그리스도는 통일을 이루는 우주적 힘일 뿐 아니라 통일을 이루는 우주적 진리시다. 그분 안에 "지혜와 지식의 모든 보화가 감추어져" 있다(골 2:3). 우리의 모든 지식은 이 사실에 초점이 맞추어진다. 홈즈가 썼듯이, "진리란 그 모든 것을 하나로 묶는 공동의 초점이 있기 때문에 일관된 전체"다.*

이 우주적 그리스도는 광대한 은하계의 우주 공간에서 응집 요인이 되신다는 점에서 창조의 으뜸이실 뿐 아니라, 구속의 으뜸도 되신다. 이 지위는 하나님이 부여하신 것이다. "아버지께서는 모든 충만으로 예수 안에 거하게 하시고"(골 1:19). 그리고 으뜸 되심의 초점은 인류를 위한 그리스도의 사역이다. 우주적 능력이 그분에게 있음에도 그분은 인간을 하나님과 화목하게 하시려고 "그의 십자가의 피로 화평을" 이루신다(골 1:20).

그리스도는 태초에 창조의 능력으로 우주를 완성하시고 지금도 자연계의 물리적 힘들 안에서 작용하는 그분의 역동적 의지로써 우주를 유지하신다. 이런 이유로 우리는 그분을, 과학과 도덕의 통합 원리이자 진리의 근간이 되는 최후의 절대자로 바라본다. 실제적인 삶의 영역에서 그분은 우리가 세우는 정책의 기초가 되신다. 최상급의 구속적 능

- Arthur F. Holmes, *The Idea of a Christian College* (Wilham B. Eerdmans Publishing Co., Grand Rapids, 1975), p. 25.

력이신 그리스도는 하나님의 지혜와 자비가 성육신하신 분으로, 십자가를 구원의 궁극적 수단으로 인식하셨고, 이 십자가로써 만물 곧 하늘과 땅에 있는 모든 것을 화목하게 하시는 능력을 지니셨다. 복음 증거라는 실제적 영역에서 이 십자가는 우리가 전하는 메시지의 핵심이어야 한다. 이제 그리스도의 으뜸 되심의 이 두 가지 측면을 병원 생활에 적용해 보자. 첫째는 기관의 정책이라는 측면에서, 둘째는 우리의 복음 전도의 추진력이라는 측면에서 살펴보자.

1. 정책에서 으뜸 되심

지난 세기 중국 선교의 위대한 개척자, 허드슨 테일러 Hudson Taylor는 하나님 나라 기업에 관해 진지하게 고려해야 할 전제 조건을 제시했다. "주님의 방법으로 주님의 일을 한다면 주님의 공급하심을 받지 못하는 일은 결코 없다."* 나는 예수병원의 원장으로 재직하는 동안 이 말을 실제 정책의 원칙으로 삼아 적용하려고 노력했다. 우리 직원 가운데 한 사람은 이 글을 한글로 쓴 족자를 내 집무실에 걸어 주기도 했다. 나는 여러 차례 실패했지만, 내 옆 사무실을 쓰는 동료이자 그리스도 안의 형제인 병원 행정장 메릴 그럽스 씨는 내가 원칙에 맞지 않게 행한다고 느낄 때면 부드럽게 나를 깨우쳐 주곤 했다. 주님의 방법으로 일한다는 것은 무엇일까?

- Francis A. Schaeffer, *True Spirituality* (Tyndale House publishers, Wheaton, Ill., 1971), p. 65. 『진정한 영적 생활』(생명의말씀사).

하나님은 인간의 에너지를 통해 일하시지 않을 뿐더러, 그분을 따르는 제자들의 에너지 또한, 그들이 믿음으로 죄에 대해 죽었고 그리스도를 통해 하나님 앞에 살아 있음을 확신하지 않는 한, 사용하지 않으신다는 것을 말씀은 우리에게 알려 준다. 쉐퍼에 따르면, 하나님의 방법이란 오직 한 가지밖에 없다. "성령을 통해 믿음으로 십자가에 못 박히시고 부활하시고 영화로워지신 그리스도의 힘"뿐이다.• 『진정한 영적 생활』True Spirituality에서 쉐퍼는 하나님의 방법론의 성경적 근거로 누가복음 9:22-24을 제시한다. 여기서 예수님은 먼저 자신의 할 일을 이야기하시고 그다음에 제자들에 대해 이야기하신다. 먼저, "인자가…**버린 바 되어, 죽임을 당하고…살아나야** 하리라"라는 순서로 말씀하신다. 그다음, 제자들이 할 일에 대해서는 그들이 각각 "**자기를 부인하고…제 십자가를 지고 [그리스도]를 따를** 것이니라"라는 순서로 말씀하신다. 내려놓음, 십자가, 그리스도 안의 새 생명. 세속적 사회 구조에 대해 '아니오'라고 말하는 것, 어떤 대가를 치르더라도 그리스도께 '예'라고 말하는 것, 그리고 그럼으로써 하나님 앞에 살아 있게 되는 것이다. 만일 하나님이 인간에게 그분의 사역을 하도록 권한을 주시려 한다면, 그분의 방법으로 그것을 하실 것이다. 십자가 없이는 부활도 없다. 옛사람이 죽지 않으면 그리스도 안의 새 삶도 있을 수 없다. 우리 안에 있는 다른 모든 우상을 포기하지 않으면 예수님을 우리 마음 가운데 주님으로 모실 수 없다. 우리가 주님과 함께 십자가에 달리지 않으면 우리

• 같은 책, p. 70.

는 주님과 함께 부활할 수 없다. 그러나 그분과 함께 부활하면 우리는 죄에 대해 죽고 하나님 앞에 산 자임을 깨닫게 된다. 하나님은 하실 수 있다. 그리스도는 통치하실 수 있다. 성령님이 힘을 주신다.

누가복음 9장이나 로마서 5-6장에 있는 이 강력한 말씀들은 다른 여지를 남기지 않는다. 이 개념은 아주 단순하나 심오하고, 쉽게 이해할 수 있으나 20세기 후반의 현대 문화에서 인간의 조직 사회가 매일의 일들을 결정해 나가는 데 적용하기는 결코 쉽지 않다. 이것이 가능한가? 나는 우리가 이 개념을 실천에 옮기려 했던 몇 가지 예를 제시하고자 한다. 물론 우리가 옳게 행했는지, 믿음과 기도에 근거해서 일해 왔는지 확신하기 어려운 모호한 상황도 있었다.

병원을 건축하는 중에는 타협의 원리가 지배할 기회가 많았다. 가장 큰 경우는 정부가 관세 없이 건축자재 60만 달러어치를 통관시켜 주기로 했던 약속을 어기고, 그 액수만큼의 세금을 부과했을 때 발생했다. 이때까지는 건축이 잘 진행되고 있었고 6층 건물 중 4층까지는 골격이 완성되었다.

뇌물을 주자는 유혹도 있었다. 그러나 우리는 이를 거부했고, 하나님은 정부가 우리의 요청을 공정하게 재고하도록 영향력을 발휘할 수 있는 사람을 보내 주셨다. 그는 그리스도인이고 국회의원이었다. 그의 부친은 오래전에 선교부의 운전사로 일했으며 제2차 세계대전 전에 예수병원에서 결핵으로 죽었다. 그의 큰아들인 김용진 씨는 30년 전 돌아가신 아버지에게 선교사들과 병원 직원들이 베풀었던 친절을 잊지 않았다. 이 국회의원이 우리를 위해 날마다 보건사회부에 들어가 정부가 약속을 이행하도록 촉구했다. 그는 보건사회부 장관부터 말단 관리까지 일일이 찾아가 설명을 요구했다. 그가 항의하고부터 병원 건축자재가 관세 없이 수입되도록 조처될 때까지는 불과 2주 정도가 걸렸다. 전례가 없는 일이었다.

김 의원은 다음 선거에서 낙선했고 얼마 안 되어 교통사고로 사망했다. 그 짧은 기간 그는 우리의 딜레마에 대한 하나님의 응답으로 섬기기 위해 우리 앞에 나타났던 것이다. 그는 그리스도를 향한 헌신으로 우리 병원의 앞날을 구하기 위해 자신의 정치 생명을 내걸었다. 그리고 우리 문제에 대한 이 응답은 이미 한 세대 전에 준비되어 있었다. 따라서 우리 중 누구도 알지 못했던 사건을 통해서 하나님은, 우리가 정부와 대립하는 입장을 취하고(내려놓음), 그 결과가 어떠하든지(십자가) 우리 자신을 하나님께 맡긴다면 우리의 필요를 공급할 준비가 되어 있으시다는 것을 보여 주셨다.

269병상의 의료센터 사역은 매우 다양하다. 곧 임상 진료, 수련의 교육, 간호사 교육, 설비 관리, 포괄적 선교, 경리, 지역사회 보건 사업들을 포함한다. 공동체적 삶의 모든 면에서 우리는 그리스도를 중심에 모시려 노력했고, 십자가가 운영의 방법이 되도록 했다. 재정 정책에서 이것은 지급 능력보다는 연민과 긍휼을 선택한다는 것을 의미한다. 인사 정책에서 이것은 지적 탁월성보다 그리스도인으로서의 헌신을 우선순위에 둔다는 의미다. 의료 정책에서는 좁은 범위의 전문가적 견해보다 전체 환자들을 우위에 둔다는 의미다. 지역사회 보건 정책의 측면에서는 우리가 그들에게 필요하다고 판단한 건강 프로그램을 임의로 도입하기보다는 지역사회 대표자들에게 귀 기울여야 한다는 뜻이다. 조직 경영의 정책으로서 십자가는, 경영 이론 측면에서 보면 이상하게 들릴 뿐 아니라, 불합리할지 모른다. 그러나 한국식 이름으로 '예수병원'인 장로교 의료센터Presbyterian Medical Center는 그 이름에 걸맞게 운영되어야 하고, 결코 세상의 우선순위에 따라 운영되어서는 안 된다. 결코 인간의 힘으로 유지되도록 계획되어서는 안 된다. 쉐퍼가 지적했듯이, "인간의 힘으로 이룩된 주님의 사역은 더 이상 주님의 일이 아니다. 그 자체가 무엇일 수는 있으나 결코 그것이 주님의 일은 아니다."•

2. 우리의 메시지에서 으뜸 되심

앞선 장에서 개인의 생명이 가치 있다는 기독교적 전제는, 인격적이시며 우리가 알 수 있고 구속하시는 하나님의 속성에 근거한다고 했다. 그분이 인격적이시기에 인간이 인격적이며, 이 인격성 덕분에 인간은 창조주처럼 창조적일 수 있고, 사랑하시는 아버지처럼 사랑할 수 있다. 하나님이 알 수 있는 분이시기에, 즉 그분이 자신에 대한 진리를 계시하셨기 때문에, 인간은 참 진리를 알 수 있으며, 이것이 인간의 모든 선택을 의미 있게 해 준다. 하나님의 생명이 목적을 가지고 일하시듯, 인간의 삶도 목적과 의도를 지닌다. 하나님은 구원하시는 분이시기에, 즉 그분이 그분의 피조물을 사랑하시되 갈보리 십자가상에서 괴로운 대속의 죽음을 감수하실 정도로 사랑하시기 때문에, 인간은 근본적 딜

•   같은 책, p. 65.

레마인 죄와 공포에 대한 답을 얻었으며, 구원받을 수 있다. 인간은 하나님을 근심시키는 죄를 인식하고 '죄에 대한 필요충분의 희생'으로서 십자가에서 이루신 그리스도의 사역을 믿음으로 받아들임으로써, 하나님과의 교제를 회복할 수 있다. 이 개념들은 "내가 곧 길이요 진리요 생명이니 나로 말미암지 않고는 아버지께로 올 자가 없느니라"(요 14:6) 하신 예수님의 말씀에 모두 구현되어 있다. 그리스도가 생명이시기 때문에, 우리는 잃어버렸던 우리 정체성을 되찾는다("나는 선한 목자라. 나는 내 양을 알고 양도 나를 아는 것이", 요 10:14). 그리스도가 진리시기 때문에, 우리는 하나님의 말씀 안에서 목적과 의미를 발견한다("…너희가 내 말에 거하면 참으로 내 제자가 되고 진리를 알지니 진리가 너희를 자유롭게 하리라", 요 8:31-32). 그리스도가 길이시기 때문에, 우리는 죄로부터 구원받고 하나님께 이르는 길을 얻는다("…우리가 예수의 피를 힘입어 성소에 들어갈 담력을 얻었나니, 그 길은 우리를 위하여 휘장 가운데로 열어 놓으신 새로운 살 길이요 휘장은 곧 그의 육체니라", 히 10:19-20).

비기독교 문화에서 병원 전도의 문제점은, 어떻게 메시지를 단순화하면서도 환자가 자신이 처한 곤경을 이해하고 메시지와 연결지을 수 있도록 제시하느냐 하는 것이다. 모든 사람에게 적용할 수 있고 모든 상황에 적절하게 사용할 수 있는 한 가지 방법이란 없다. 전도자와 환자 사이에 인격적 관계를 형성하는 것이 필수다.

진료를 받고 나서 고맙게 생각한 환자가 병원 직원에게 가서 자기 담당 의사가 무슨 선물을 받으면 좋아하겠느냐고 물었다. 그 직원은 '당신이 그리스도인이 되는 것이 그에게 줄 수 있는 최고의 선물'이라고 대답했다. "정말인가요?" 그 환자가 소리쳤다. "그렇다면 우리 가족을 전부 데려오겠습니다." 그는 실제로 그렇게 했고 그의 가족 모두 신실한 그리스도인이 되었다.

한 젊은 여자는 다리에 육종이 생겨서 외과 의사와 함께 기도한 뒤 다리를 절단하는 데 동의했다. 그녀는 그리스도인이었다. 수술 후 그녀는 6인 병실에 누워 주위 환자들에게 고백했다. "다리를 잃었지만 예수님이 함께하시면 나는 상관없습니다." 그녀의 간증을 듣고 그 병실에 있던 여성 두 명이 그리스도를 받아들였다.

잇몸에 암이 있던 한 농부는 코만도 수술(입과 목에 시행하는 근치적 외과 수술)* 시행 후 방사선 치료를 받던 중 의사에게 신약성경을 받았다. 한 달 뒤 진료 날짜에 온 환자에게 의사가 "성경을 읽어 보셨어요?" 하고 묻자, 그는 미소를 지으며 수술로 혀가 굳은 특유의 발음으로 요한복음 3:16을 암송했다.

나는 선교를 전도보다 좀 더 넓은 개념으로 쓰기를 좋아한다. 선교는 당연히 전도를 포함해야 하지만, 우리가 환자에게 쏟는 관심의 모든 영역도 포함한다. 이것은 환자가 진료 접수를 할 때부터 시작되어, 방사선과나 검사실, 진찰실 등에서 환자가 처치를 받을 때 보여 주는 친절로 뚜렷하게 드러나야 한다. 이는 의사와 환자의 관계를 통해, 그리고 특히 병상에서 마주하는 간호사의 처치를 통해 지속되어야 한다.

• 난이도가 높고 오랜 시간이 걸리는 큰 수술로, "Commando"는 Combined Operation of Mandible Mouth And Neck Dissection의 약자다—옮긴이.

미소와 격려, 기도, 개인적 관심, 이런 것들은 병원 전도의 준비 단계로 필수적인 요소들이다. 그러나 반드시, 핵심 명제가 정리된 메시지가 필요하다.

"**당신은 가치 있는 사람입니다.** 하나님은 당신을 그렇게 보십니다. 당신은 그분과 교제하고 그분과 함께 영원히 살아가도록 창조되었습니다. 그분은 거룩하시지요. 하지만 **당신은 문제가 있습니다.** 만일 당신이 그리스도를 알지 못한다면 당신을 향한 하나님의 계획을 놓치는 것일 뿐 아니라 당신 자신을 신으로 삼아 하나님의 은혜를 저버리게 됩니다. 당신은 그분 앞에서 책임이 있습니다. 아마 이 고통과 고난은 목적이 있을 것입니다. 그것은 당신이 당신의 문제를 인식하도록 도우려는 목적일지 모릅니다. 당신의 문제란, 당신이 하나님과 함께 살기에 적합하지 않다는 것입니다. 당신의 영혼의 병은 **치유할 수 있습니다.** 하나님의 아들 예수 그리스도께서 당신의 죄의 결과를 당신 대신 지시고 당신에게 그분의 의로움을 입혀 주셨습니다. 그분은 당신의 저주를 복으로 바꾸실 수 있습니다. 당신이 그분을 믿기만 하면 말입니다."

온유함, 관심, 신실함. 이것들은 필수적이다. 이상적으로는 병원의 모든 직원이 복음을 증거할 수 있어야 한다. 원목의 도움과 협조가 언제나 가능해야 하지만 그리스도의 제자 된 모든 직원은 "우리가 이 보배를 질그릇에 가졌으니 이는 심히 큰 능력은 하나님께 있고 우리에게 있지 아니함을 알게 하려 함이라"(고후 4:7) 하신 말씀의 신비를 알아야 한다. 궁극적으로 전도는 환자를 향한 사랑과 믿음의 형제자매들 사이의 사랑으로 확인되어야 한다. 이 주제를 다음 장에서 다룰 것이다.

"내가 곧 길이요, 진리요, 생명이니." 예수 그리스도가 우리 정책의 초점이자 우리 공동체적 삶의 중심인 것과 마찬가지로, 예수 그리스도는 또한 복음전도의 초점이다. 모든 일에 그리스도가 으뜸이신 것이다. "아버지께서는 모든 충만으로 예수 안에 거하게 하시고, 그의 십자가의 피로 화평을 이루사 만물…이 그로 말미암아 자기와 화목하게 되기를 기뻐하심이라"(골 1:19-20).

7

사랑으로 연합된 생활 방식

그녀가 갇힌 방에서
안식일 복장을 차려입은
차디찬 마음의 전도자에게 외친다.
"당신께 장미꽃 한 송이를 드리지요."

그러자 전도자가
그 미친 사람에게 말한다.
"어떻게 당신이 가지고 있지도 않은 장미를
준다는 말이요?"

"당신은 그리스도를 주잖아요."
그 미친 여인이 말했다.
"당신의 마음속 사랑은
차갑고 죽어 있는데도 말이죠."*

해리 리(1874-1942)

---

* Harry Lee, "Madness", from *Masterpieces of Religious Verse*, edited by James Dalton Morrison (Harper & Brothers Publishers, New York, 1948), p. 404.

575명의 직원을 거느린 기관의 행정은 그리 쉬운 일이 아니다. 사실 경영진과 직원들 사이에 중대한 견해 차이를 보인 때가 여러 번 있었다. 1977년 봄에도 이런 불협화음이 생겼는데 이 사건은 우리가 일해 온 것들―지역사회에 대한 전도, 그리스도 안에서의 연합, 서로를 향한 연합된 사랑 등―에 대한 심각한 시험이 되었다. 성령의 역사하심으로, 자제와 인내 그리고 사랑에 의해 우리는 이 일을 극복했고 우리 모두는 이 경험을 통해 무엇인가를 배우게 되었다. 부활절 새벽 예배를 드리고 언덕을 내려오는 길에 마침 이 사건의 주동자와 함께 걷게 되었는데, 그는 "내가 당신을 너무 괴롭힌 것 같습니다"라고 말했다. 나는 "중요한 점은 이 문제를 그리스도의 사랑 안에서 해결할 수 있었다는 것이지요"라고 대답했다.

우리 병원과 같은 조직에서는 그리스도의 사랑이 감상적인 상투어이거나 이론적 이상에 그칠 수 없다. 그것은 우리를 함께 묶어 주는 끈이다. 그러나 이 사랑을 현실화하려면, 개방적이고 공정해야 하며 대화가 있어야 하고 공동의 예배와 공동의 관심사가 필요하다.

두 문화권과 네 국적, 일곱 교단, 그리고 수많은 출신 학교를 배경으로 하는 600여 명이 한 가족이기에 격동이 있을 수 있고 또 이것이 파벌주의로 이어지기 쉽다. 어떤 문화 요소들은 하나됨에 방해가 된다. 출신 학교나 출신지에 대한 지나치게 강한 연대감, 사생활이나 비밀의 결여, 사실이건 상상의 것이건 불평등과 불균형에 대한 과민성 등이 바로 그러하다. 이런 환경에서 최선의 길은 개방적이 되는 것이라고 우리는 믿는다. 사회에서는 음모가 수법이 될 수 있다. 그러나 우리는 개방적일 것이다. 모든 장부는 감사 준비가 되어 있고, 모든 기록은 항상 열람 가능하다. 공평과 정의는 적용하기 어려운 원리들이다. 왜냐하면 그것은 궁극적으로 각 사람의 가치 체계에 의존하기 때문이다. 그래서 우리는 안전장치로서, 인사 정책에 관한 모든 사항('점수제', 규정, 승진 등)은 실행 위원회가 민주적 투표 절차로 결정하도록 했다. 이때 조직 내 상하 양방향의 대화는 매우 중요하다. 앞에서 언급한 노동쟁의 문제도 충분한 대화를 지속하지 못한 것이 주요 원인이었다. 그러나 우리 가족을 하나로 묶어 주는 가장 중요한 요소는 공동 예배다. 매일 아침 전 직원이 드리는 예배는 많은 시간과 인력을 소모하는 것 같으나, 우리를 결속시키고 우리 마음을 그리스도께 향하게 하며 우리의 봉사에 성령의 역사를 통해 힘을 주는 것이다. 또한 정기적으로 우리 예배에 설교 및 인도자로 섬겨 주는 목회자 덕분에 교회와도 더 가까워진다.

고용 정책은 개인의 욕구에 민감하고 우호적이어야 한다. 병원이 지원하는 신용협동조합을 통해 우리 직원들은 갑작스러운 필요가 생길 때 돈을 빌릴 수 있다. 신용협동조합은 잡화점과 카페를 운영하고 매년 소풍이나 체육대회를 주관하며 휴가철에는 해변 별장도 운영한다.

전주 시내의 모든 개신교단을 대표하는 70여 명의 여성들은 개인 시간을 들여 자원 봉사회로 섬긴다. 이들 중 일부는, 단체복 색깔 때문에 '핑크 레이디'라고 불리는데, 책 수레(환자나 보호자가 읽을 책들을 싣고 다니며 빌려 주는 일을 함)를 밀고 다니거나 외래 환자들에게 차나 물을 대접하기도 하며, 질병이나 장애로 글을 쓸 수 없는 환자의 편지를 대신 써 주기도 하고, 거즈를 접기도 하며, 음식을 먹여 주거나, 방문객들의 아이들을 맡아 돌봐 주는 일 등 우리가 시간이 없어서 하지 못하는 많은 일들을 감당해 준다. 내가 그분들에게 이야기하듯이 그들은 우리가 바빠서 남겨 놓고 나온 사랑의 공백을 메워 준다.

간호사들은 자녀 교육비 때문에 어려움을 겪는 직원들을 위한 기금을 마련하기 위해 매년 바자회를 열기도 한다. 격주마다 신문을 발행하여 병원 소식과 개인적인 소식들을 알린다. 개인적인 슬픔을 당했을 때 한국의 그리스도인들은 놀라울 정도로 서로를 돕고 격려하는 면모를 보여 준다.

또 한 가지 영감의 근원은 병원 합창단이다. 한국인들은 아름다운 목소리를 가지고 있고 또 노래 부르기를 좋아한다. 병원 합창단은 여러 특별한 기회에 우리를 위해 찬양을 했고, 전국적인 경연 대회에도 출연했으며, 병원 설립 80주년 기념 음반도 만들었다. 그들의 찬양과 헌신의 사랑스러움에 나는 종종 눈물을 흘렸다.

약 80명의 직원들은 평신도 전도회를 조직하여 정기적으로 모여 서로를 격려하고 둘씩 짝을 지어 환자나 보호자에게 복음을 전한다. 그들은 환자가 그리스도께 나아오는 일에 하나님의 도구로 쓰임받는 기쁨을 경험하곤 한다. 이 모임의 멤버 중 한 사람이 지금 소개하는 이동찬 씨인데 이런 이야기가 우리의 연합된 삶에 골조를 형성하는 생생한 에피소드인 것이다.

1975년 2월, 우리는 평신도 전도회의 구성원들을 일차 대상으로

하여 개인 전도 세미나를 개최했다. 서울에서 대학생선교회 지도자들이 전주로 내려와, 일주일 동안 하루 두 번씩 열린 세미나를 통해 우리 환자들의 영원한 운명에 대한 관심을 우리 직원들에게 심어 주었다. 마지막 날, 수강생들은 자신의 믿음을 설명하는 새로운 기술을 적용하여 그리스도를 소개하기 위해 둘씩 짝을 지어 병실과 외래 진찰실로 흩어졌다. 마지막 날인 금요일 저녁, 우리는 그날의 경험에 관한 보고를 나누기 위해 한자리에 모였고, 처음 간증한 사람이 이동찬 씨였다.

이 씨는 세탁실 잡역부로, 더러워진 시트 등을 모아 카트에 담아 중앙 세탁실로 옮기는 일을 했다. 그날 밤 그는 마치 예수 그리스도에 대해 말하기 위해 한껏 용기를 낸 듯했고, 자신의 간증을 나눈 환자의 반응을 하나하나 열거했다. 그가 5분쯤 이야기했을 때 방 뒤에서 누군가가 말했다. "이제 충분히 얘기한 것 같은데, 그만하시죠." 나는 무례한 발언이라고 생각했다. 이 씨는 뒤쪽 자리에 앉았다가 곧 방을 떠났다. 그때 전기 기사로 일하는 서 씨가 이 씨의 열한 살 난 아들이 병원에서 300미터 가량 떨어진 곳에서 트럭에 치여 응급실에 실려 왔다고 설명했다. 나는 급히 응급실로 뛰어갔고, 거기서 칸막이가 쳐진 벽 쪽에서 들것 위에 엎드려 흐느끼는 이 씨를 발견했다. 그의 아들은 머리가 트럭에 깔려 처참하게 훼손되었고, 이미 사망한 상태였다.

나는 몹시 슬프고 마음이 아파서 어찌할 바를 몰랐다. 나는 "하나님, 지금 당신이 무슨 일을 하셨는지, 정말 아십니까?"라고 묻고 싶었다. 하지만 그 대신, 몇 분 전까지만 해도 전도의 즐거움에 들떠 있다가 지금은 슬픔으로 미칠 듯한 마음이 된 그를 감싸 안았다. 그리고 하나님의 안위하심과 이 호된 시련을 통해서도 하나님이 그의 믿음을 지켜 주시도록 기도했다. 그러고 난 후 나는 보고회가 열리고 있는 방으로 돌아왔다. 상황을 간단히 설명하고 목사님을 이 씨 곁으로 보낸 뒤 사람들에게 이야기했다. "인생은 불확실한 것입니다. 우리 가운데 어느 누구도 언제까지 이 땅에 있을 수 있을지 모릅니다. 이 일은 우리 모두에게 전도의 과제가 더욱 긴급함을 알려 줍니다."

병원 공동체는 연민과 사랑으로 그를 도왔다. 그러나 수개월이 지나도록 내 마음속에는 이 씨의 아들이 죽도록 두신 하나님의 뜻이 무엇일까 하는 의문이 남아 있었다. 그가 분개하거나 한이 맺히지는 않을까? 과연 그가 아들을 잃고도 믿음을 지킬 수 있을까? 한참 후에 나는, 자기 집도 없던 이 씨가 아들을 기억하기 위해, 트럭 회사에서 준 보상금 전액을 화산장로교회의 새 예배당을 건축하는 데 헌금했다는 사실을 알게 되었다. 이즈음, 전주 우리 집 남쪽의 언덕에 새 교회가 지어지고 있었는데, 가난한 회중으로서는 막대한 헌신이 필요한 인상적인 건축물이었다. 그곳의 최초 헌금은 이 씨가 한 것이었다. 그 후로도 그는 전도에 열심이었다. 그는 경비실로 근무지를 옮겼고, 그 악몽 같던 밤에 아들의 피로 물들었던 시트를 연상시키는 세탁실의 피 묻은 시트를 더 이상 보지 않아도 되었다. 그의 믿음의 승리가 그의 환한 미소에 나타났고, 한 잡역부의 경험을 통해 하나님이 위로와 능력을 주신다는 사실이 우리 병원 공동체의 모든 구성원에게 입증되었다.

이것은 단순히 이동찬 씨만의 승리가 아니었다. 그것은 결과적으로 개인적 위기를 맞이한 직원 한 사람을 서로 도움으로써 그 위기가 하나님 나라 확장의 수단으로 승화되는 것을 목격할 수 있었던 우리 모두의 승리였다.

이러한 사건들은 종종 단조롭고 평범할 수 있는 업무 속에서도 고귀한 목표를 공유함으로써 한 가족 또는 한 공동체를 만들어 준다. 수술 팀이건, 세탁실 직원이건, 의료 기사건, 영양과 직원이건 각자 그리스도를 위해 연합되도록 노력하는 것은 우리에게 주어진 엄연한 임무다. 그분은 우리와 함께 일하신다. 그분은 단조롭고 고된 일들 가운데 동지가 되어 주시고, 위기에 처했을 때 조언자가 되시며, 모든 업무에 의미를 부여하시고, 모든 책임에 힘을 주시며, 동료들과의 관계에 은혜를 주신다.

우리는 유리로 지은 집에 살고 있다. 세상은 우리가 과연 사랑과 조화 가운데 살 수 있는지를 지켜본다. 하나님은 우리가 그리스도의 진실한 제자인지를 판단할 권리를 세속 사회에 주셨다. "너희가 서로 사랑하면 이로써 모든 사람이 너희가 내 제자인 줄 알리라"(요 13:35). 우리가 연합된 증거는 막연한 것이 아니다. 어떤 무례함이든, 가장 엄격한 정직에서 조금이라도 벗어난 일이든, 무슨 파벌 싸움이든, 어떤 심각한 논쟁이든 곧바로 전주 시내의 찻집과 시장 골목에서 이야기가 나올 것이다. 용머리 고개에 위치한 우리의 일터 공동체 안에 사랑이 확장되는 만큼, 딱 그만큼 우리가 주님의 증인임이 입증된다.

8

―――――――――――――――

"내가 여기 있다는 걸
아는 사람이 있나요?"

오 주의 멧비둘기의 생명을 들짐승에게 주지 마시며
주의 가난한 자의 목숨을 영원히 잊지 마소서.
그 언약을 눈여겨 보소서.
무릇 땅의 어두운 곳에 포악한 자의 처소가 가득하나이다.
학대받은 자가 부끄러이 돌아가게 하지 마시고
가난한 자와 궁핍한 자가 주의 이름을 찬송하게 하소서.
하나님이여 일어나 주의 원통함을 푸시고….
아삽의 마스길 (시 74:19-22상)

종종 단순한 사실들이 자기만족에 빠져 있는 우리를 깜짝 놀라게 하곤 한다. 용진면은 전주에서 북쪽으로 5킬로미터쯤 떨어져 있는데 인구는 14,000명이고 넓이가 45제곱킬로미터쯤 되는 곳이다.* 이 지역에서 1976년 지역사회 보건 사업을 시작할 무렵 우리는 이 지역의 건강 수준에 대한 기초 조사를 실시했고 다음과 같은 사실을 알게 되었다.

- 인구의 50퍼센트 이상이 18세 이하이고 평균 가족 수는 가족당 6.5명이다.
- 50퍼센트 이상의 여성들이 18세 이전에 결혼을 했다.
- 문맹률은 20퍼센트다.
- 일인당 소득은 연간 290달러다.
- 63퍼센트가 한두 개의 방 또는 50제곱미터 미만에 거주하고, 27퍼센트는 초가에 거주한다.
- 57퍼센트 이상이 배설물에 오염된 수원으로부터 물을 얻고 있다.
- 95퍼센트 이상이 개방된 옥외 변소를 사용한다.
- 약 35퍼센트가 하수도 시설을 갖추지 못했다.
- 산모의 5.8퍼센트만이 병원이나 진료소에서 분만했고 불과 6.9퍼

---

* 전북 완주군 용진면은 2012년 완주군청 소재지가 되면서 2015년 용진읍으로 승격됐다. 2023년 현재 인구는 7,553명, 넓이는 38.5제곱킬로미터다. ─편집자.

센트만 전문적 도움을 받았다. 산모의 약 15퍼센트는 아이를 낳는 동안 아무 보살핌을 받지 못했다.
- 대부분의 분만에서, 소독하지 않은 칼이나 가위로 제대를 잘랐다 (이러한 관행 때문에 종종 신생아 파상풍이 발생한다).
- 분만 시트로는, 소독되거나 깨끗한 천 또는 비닐을 사용한 경우가 20퍼센트, 짚으로 만든 멍석을 사용한 경우가 29.5퍼센트, 빈 시멘트 포대를 사용한 경우가 28.5퍼센트다.
- 인구의 절반 가까이가 아파도 의사에게 보이려 하지 않는다. 60퍼센트는 건강관리를 위해 한 달에 200원조차 쓸 수 없다고 진술했다.

이런 통계는 모두 우울했지만 그중에서도 두 가지 사실이 특히 참담해서 두드러졌다. 즉 15퍼센트의 산모가 혼자 분만을 한다는 사실 그리고 너무나 많은 신생아가 빈 시멘트 포대나 불결한 멍석에서 태어난다는 사실이었다. 얼마나 많은 산모가 진통 중에 소리를 지르며 오지 않을 도움을 구했겠는가? 이것은 피할 수 없는 인생의 고난이나 그들이 견뎌야 할 고초가 아니라는 점에서, 우리 양심을 뒤흔들어 마땅하다. 즉 그들은 홀로 있었으며 아무도 그들의 신음에 귀 기울이지 않았다. "내가 여기 있다는 걸 아는 사람이 있나요?"

전주 예수병원이 존재했던 80년의 대부분 기간에 병원 당국은 병원 건물 밖으로 나가 병원 주변의 농촌 지역사회에 다가가려는 조직적 노력을 해 본 적이 없었다. 1967년 소아과 의사인 존 윌슨이 예수병원에 왔고, 그는 건강관리에 대한 우리의 근본 개념을 어느 정도 바꾸어 놓았다. 이는 하나님이 역사적 상황을 사용하셔서 새로운 정책과 프로그램을 촉진하시고 새로운 은혜를 베푸신 또 다른 증거라는 면에서 아주 흥미로운 역사다. 30년 전 부친에 대한 친절을 기억하고 1970년의 병원 건축에 중요한 역할을 했던 국회의원 김용진 씨를 준비해 두신 하나님은, 마찬가지로 윌슨을—20년 전에 일어난 사건을 통해—준비해 두셨던 것이다.

존은 어린 시절을 한국에서 보냈다. 그의 아버지는 대단한 성격의 소유자로 사냥을 즐겼으며, 윌리엄 포사이스가 목포로 가는 길에 행한 연민과 긍휼의 결과로 생긴 나환자 요양소를 시작한 사람이다. 그러나 태평양 전쟁이 발발하면서 모든 선교사가 귀국하거나 추방당해 본국으로 돌아갔다.

1945년, 미국 점령군으로서 한국을 접수한 더글러스 맥아더 장군은 혼돈 상태의 공중위생을 마주했다. 일본 의료진들은 이미 일본으로 철수한 뒤였다. 나환자들이 무리지어 길거리를 배회하고 있었고 전염병은 심각한 위협이었다. 맥아더 장군은 원로인 윌슨이 나환자를 위한 일을 했다는 사실을 알고 리치먼드에서 그를 만났다. 그리고 윌슨에게 미군정의 고문이 되어서 이 질병으로 고통받는 사람들을 돌보는 데 도움을 달라고 요청했다. 윌슨은 일주일 만에 한국에 도착했다. 그리고 상황을 살펴본 후 군정 당국자에게 보조 인력이 필요한데 자기가 잘 아는 젊은 의사가 있다고 말했다. 그가 바로 윌슨의 아들인 존이었다. 존은 당시 미주리주 캠프 크라우더에 있는 군병원에서 중위로 복무하고 있었다. 존은 곧바로 광주에 오는 2,000명과 함께 군인 수송선을 타고 한국으로 왔다. 그 후 이야기는 존 윌슨의 말로 이어 가겠다.

우리가 한국에 도착했을 당시, 중국 범선을 통해 한국에 들어온 콜레라가 전북 지방에 집중적으로 퍼져 있었기 때문에 나는 당분간 아버지와 함께 일할 수 없었다. 데이브 탈마지*와 나는 이 포악한 전염병을 근절시키는 일을 맡게 되었다. 데이브는 북쪽 절반을, 나는 남쪽 절반을 책임지기로 했다.

매일 아침 우리는 지프를 타고 전날 환자가 발생했다는 보고를 받은 마을로 향했다(이것이 나에게는 농촌 봉사 활동의 시작이었다). 마을에 도착하면 우리는 세 가지 일을 했다. 첫째, 올 수 있는 모든 사람에게 예방접종을 해 주었다(그중 상당수는 많이 맞으면 더 좋을 것으로 생각해서 두세 번씩 줄을 서기도 했다). 둘째, 촌장을 만나서 마을의 식수원으로 우물 하나를 선택하도록 하고 하루 두 번씩 우물을 소독하는 방법을 촌장에게 가르쳐 주었다. 그리고 빈 맥주병에 담은 소독제를 공급해 주었다. 그리고 세 번째로 이미 콜레라에 걸린 사람들에게 정맥 주사를 통해 수액을 공급했다. 혼수상태에 빠진 환자들에게도 정맥 주사를 놓았고, 집에 있는 다른 식구에게 첫 번째 병이 비면 병을 바꾸도록 했다. 그리고 네다섯 병의 수액을 두고 갔다. 다음날 아침에 와 보면 환자는 대부분 아

- Dave Talmage. 후일 미국면역학회장을 지냈을 만큼 세계적인 학자가 되었으며, 그 뒤로도 예수병원에 6개월 동안 머물면서 기독의학연구원을 설립하는 데 큰 도움을 주었다—옮긴이.

주 좋아져 있었다. 약은 없었지만, 실제로 약이 필요하지도 않았다. 대부분의 환자들은 수액만 보충해 주면 회복이 되었던 것이다.

그중 5세, 7세, 10세 된 세 아이를 두고 부모가 콜레라로 죽은 비극적인 경우가 기억난다. 큰아이는 혼수상태였고 어린 여자아이 둘이 덩그러니 마당에 있었는데 이웃 사람들이 담 너머로 음식을 던져 주곤 했다. 나는 혼수상태의 소년에게 정맥 주사를 놓기 시작했고 일곱 살인 누이동생에게 오빠의 수액이 담긴 첫 번째 병이 비면 병을 갈아 주라고 이야기한 후, 세 번째, 네 번째 병도 건네주었다. 그 마을에 다시 가 보지는 못했다. 그러나 그 기억은 지금까지도 나를 따라다닌다. 담장 그늘에 누워 있는 의식 없는 소년과 그 곁에 쪼그려 앉은 두 누이동생, 담장에 걸린 포도당과 생리식염수 병. 큰 여동생은 오빠를 살리기 위해 용감하게 제몫의 역할을 하겠다고 다짐했다. 가을이 되자 전염병은 수그러들었으나 이때는 이미 전북 지방에서만 10,000명이 목숨을 잃은 뒤였다.

아버지는 한국에 왔을 때 소록도에서 아무런 의료 혜택 없이 지내는 약 8,000명의 나환자들을 발견했다.… 현재의 윌슨 나환자 수용소에는 약 1,000명의 환자가 있었다. 비슷한 수의 환자가 부산 인근에도 있었는데, 매킨지Mackinsey 수용소에 들어가지 못한 이들이었다. 이들은 판잣집에 살고 있었고, 대부분 거지였다. 아버지는 일본군이 사용하던 낡은 막사에 이들을 수용하는 것을 허락받았고,… 결국 이것이 우리가 함께 일한 세 번째 수용소가 되었다. 10,000명의 환자가 있었으나 약은 매우 적었고, 한국인 의사는 소록도에서 우리와 함께 일한 한 사람뿐이

었다.

한 어린아이의 어머니가 주말에 순천으로 나를 만나러 온 것은 이 때쯤이었다. 그 아이는 뇌막염을 앓고 있었다. 나는 미군 부대에서 페니실린을 얻을 수 있을 것이라고 말했고(이때는 페니실린이 사용 가능하게 된 지 불과 3-4년밖에 안 지난 때였다) 또 이 페니실린이 아마도 아이의 생명을 구할 수 있을 것이라고 말했다. 그러나 계속 설명하면서 한 가지 오류를 범하고 말았다. 뇌막염은 매우 심각한 병이며, 페니실린을 사용하더라도 아이가 죽거나 뇌 손상을 입을 수 있다고 언급한 것이다. 아이가 '병신'(모든 형태의 장애 및 기형을 포괄하여 지칭하는 한국어 단어다)이 될 수도 있다는 사실을 안 부모는 아이를 집에서 죽도록 데려가 버렸다. 이것 역시 나를 수년간 따라다닌 또 다른 악몽이다.•

존은 이 잊지 못할 경험에서 헤어날 수 없었다. 그는 오랫동안 소아과를 개원해 운영하고 있었으나 결국 이 기억이 그를 한국에 되돌아오게 했다. 1967년 전주에 돌아왔을 때, 그는 찾아오는 환자들을 기다리는 것으로 만족할 수 없었다. 그는 어린아이 한 명을 치료하는 비용이면 백 명의 아이들에게 예방 조치를 할 수 있음을 잘 알고 있었다. 그는 전도사와 함께 시골 마을을 돌아다니기 시작했고 나중에는 병원에서 세운 교회들에 진료소를 차리고자 했다. 결국 우리는 포괄적 농촌 보건 사업을 시행할 대상 지역을 선정하기 위해 정부의 조언을 듣기로

•   John Wilson, 개인적 대화.

결정하였다. 당시 우리는 제대로 된 용어도 알지 못했다. 공중 보건과 지역 보건의 차이도 몰랐고, 일차 진료와 이차 진료도 구분하지 못했다. '건강의 피라미드'가 무엇인지도 몰랐고, 당시 유행하던 새로운 '건강관리 전달 체계'health care delivery system에 대해 고려해 본 바도 없었다. 그러나 우리에게는 어린이를 사랑하는 존 윌슨이 함께 있었다. 그는 일을 계획하는 데 열심이고, 사람의 마음을 움직이는 데 적극적인 조용한 동료였다. 그는 탁상 공론가도, 이론가도, 대중 연설가도 아니었다. 그는 그저 자기를 내세우지 않는 행동가로, 침착하고 느긋했으나 매우 열정적이었다. 몇 개월 사이에 소양면의 여인들은 그를 알게 되었고, 그래서 아이들을 데리고 그의 앰뷸런스를 뒤쫓았다. 그들은 그가 차를 세우고 치료해 주며, 아픈 아이들을 병원으로 데려간다는 것을 잘 알았다. 존이 자신의 호주머니를 털어 준비한 예방접종을 받으려는 사람들로 주위는 장사진을 이루었다.

의사란 훌륭한 시설을 갖춘 병원에서 일하는 것이 가장 효과적으로 일하는 것이라는 고정 관념에 젖어 있던 우리는 이런 고정관념을 깬 동료 의사 존 윌슨을 바라보면서 감탄을 금할 수 없었다.

또한 우리는 우리의 의무가 단순히 병원 문을 통과하여 우리에게 찾아온 환자(예를 들면 위급한 급성 복증 환자, 심각한 부상자, 암 환자, 탈수나 혼수상태의 영아, 성인 황달 환자 등)들의 치료에만 있는 것이 아니라는 사실을 깨달았다. 물론 이들 외에도 하나님이 우리에게 보내 치료를 받게 하시는 이들의 고통은 매일 긴 목록을 채운다. 그러나 그들 외에도 시골 마을이나 산간 오지에는 병원에 와 보지도 못하고 기다리기만 하다가 고통 속에 죽을 수도 있는 수천 명 이상의 사람들이 있다. 그들이 병원에 오지 못하는 이유는 무엇인가?

여기에는 세 가지 장벽이 있다. 그것은 무지와 빈곤과 수치심이다. 그들은 건강이나 위생에 대한 기본적인 원리를 알지 못했다. 배설물에 의한 상수원 오염의 위험성이나 자녀의 얼굴에 대고 기침을 함으로써 결핵이 전염될 수 있다는 사실, 그리고 소아마비, 홍역, 천연두, 디프테리아, 장티푸스 등은 예방접종이 필요하다는 것조차 모르고 있었다. 가난도 문제였다. 용진면의 일인당 소득은 290달러인데, 그나마 더 외진 마을에 비하면 훨씬 나은 것이었다. 미대륙 서부 개척 시절에 우리 선조들이 그랬던 것처럼, 거의 대다수 사람들은 죽든지 살든지 그것이 자기 운명이라고 생각하며 질병을 그냥 받아들이고 있었다. 비용이 두려워서 병원에 가기를 꺼렸고 또 수치스럽다고 여겨 병원에 가지 않았다. 병원에는 가난한 사람을 개인적으로 면담하고 비용을 지불할 수 없는 사람들이 전액 무료 또는 부분 무료로 치료를 받을 수 있도록 사회사업과에 의뢰할 수 있는 제도가 마련돼 있었지만, 한국인은 자존심이 강한 사람들이어서 이런 일을 난처해하는 경우가 흔했다. 한국어 표현을 빌리면 "창피해 죽겠네"라는 것인데, 이것이 문자적으로 사실이 되곤 했다. 그들은 희망을 부끄러워하며 집에 머물면서 죽어 갈 것이다. 예수병원의 우리들이 그들을 구하기 위해 할 수 있는 모든 일을 할 것이고, 생명이 위급하다면 비용이 얼마가 들건 상관하지 않으며, 응급 상황을 결코 외면하지 않고, 생명을 구하기 위해 항상 대기 상태라는 사실을 믿고 기대는 것이 너무 수치스럽다고 여기기 때문이다.

존 윌슨은 1970년에 소양면에서 사역을 시작했다. 그날부터 예방접종, 모자보건, 결핵 환자 발견, 산전 및 산후 관리, 진찰실 운영, 환경 위생(소독), 전도, 보건 교육 그리고 지역사회 조직 등의 포괄적 계획을 수행해 나갔다. 그 후 6년 동안 이 지역에서는 전염성 질병이 사실상 퇴치되었다. 더 이상 소아마비, 홍역, 폐렴, 결핵성 뇌막염, 백일해 등에 걸린 어린아이가 발생하지 않았으며, 장티푸스의 발생률도 급격히 감소했다. 적체되었던 만성질환들은 환자를 병원에 입원시켜 내과적·외과적 치료를 받게 하자 점차 사라졌다. 어머니들에게 위생에 대해 생각하도록 가르쳤고, 가족계획에 대해 교육했으며, 태아를 포함해서 자녀를 어떻게 돌보아야 하는지에 대해 기본 개념들을 심어 주었다.

이 경험으로부터 우리는 몇 가지 확신을 얻었고 이것을 원칙으로 정리하였다.

- 원칙 1: 종합병원은 지리적으로 한정된 지역에서 정부의 보건 정책과 계획에 협력함으로써 한정된 기간 내에 지역사회의 건강 수준을 급진전시키는 포괄적인 활동을 수행할 수 있다.
- 원칙 2: 주민들은 예방 사업만 할 때보다는 치료와 예방 사업을 병행할 때 그들의 건강 증진을 위한 노력에 훨씬 더 협조적으로 반응한다.
- 원칙 3: 보건 사업을 효과적으로 그리고 장기적 연속성의 관점으로 시행하기 위해서는 지역사회에 주민의 자발적 참여와 자율성에 기반해 만들어진 토착 조직 구조가 있어야 한다.

- 원칙 4: 지역사회의 봉사자들은 보건 팀 안에서 중요한 역할을 수행하도록 훈련받을 수 있으며, 지역사회 지도자들은 건강 증진 프로그램을 계획하고 추진하는 데 더욱 책임감을 갖도록 교육받을 수 있다.
- 원칙 5: 한국에서 이러한 확장 의료를 감당하기에 가장 적합한 의료인은 지역사회 의료 상황에 대해 잘 알고 있는 간호사라고 생각되는데, 이들은 자격을 갖춘 의사 밑에서 병원의 지원을 받아 일하지만, 조무사들과 마을의 봉사자들, 준(準) 의료 요원들의 관리자이기도 하다.

이 개념들은 독창적이지는 않으나 기본적인 것으로, 실행하기는 어렵지만 근본적으로 점검할 만한 것들이다. 이 원칙들이 현실화되는 데 필수적인 중요한 무형 자산들이 있는데 그것은 병원 당국이 지역사회 보건에 헌신하는 정도, 병원이 사업을 수행하기 위해 임명한 지도자의 역량, 그리고 건강 문제를 위해 함께 일하자는 도전에 대한 지역사회의 집단적 태도다. 이 모험을 위해서는 어느 한 바퀴도 삐걱거려서는 안 된다. 그러면 병원 행정가의 시간에서 우선순위를 다투는 다른 문제들과 경쟁할 수 없기 때문이다. 지역사회에 파견된 남성과 여성 들은 그들이 섬기는 사회의 기본 구조를 형성하는, 만성적이고 소리 없는 개인적·집단적 재난들에 대해 의분의 감정, 즉 연민 어린 분노를 반드시 느낄 수 있어야 한다. 그들은 오래 참음으로 일을 촉진시키고, 인내로 권고하며, 우월감 없이 자극하는 법을 알아야 한다. 그러나 궁극적 선택은 지역사회가 스스로 해야 한다. 지역사회는 건강을 추구할 것인지 말 것인지 결정할 자유를 가져야 한다. 희망을 가질 것인지 말 것인지 선택할 수 있어야 한다. 좀 더 나은 삶을 추구하기 위해 의심과 내적 불화를 극복할 수 있어야 한다. 지역사회는 회의와 비참함에 매여 있는 쪽을 택할 수도 있다.

지역사회로부터 거부당한다는 것은 매우 냉정하게 생각할 일이다. 사랑이 항상 승리하는 것은 아니다. 믿음이 항상 승리를 의미하는 것은 아니다. 지역사회에 손을 뻗는 기독 병원의 모험은 항상 이 위험을 감수해야 한다. 궁극적으로는 주민들이 선택해야 하는 문제다. 각 개인이, 각 가정이, 각 마을과 행정구역들이 그들에게 내민 우리의 손을 붙잡을 것인지, 무시할 것인지를 선택해야 한다.

사실 이것은 복음의 이야기다. 하나님이 인간에게 말씀하시고 대답을 요구하시는, 구약과 신약 모두에서 펼쳐지는 이야기다. 이것은 선택의 신학이다. 그 근본 개념은 하나님이 모든 사람에게 궁극적 선택지들 중에서 결정할 것을 요구하신다는 것이다. 헌신의 선택을 회피하던 어느 날, 불변하시는 야웨께서 사람에게 지금 그리고 영원히 그의 운명을 형성할 선택을 하도록 강요하신다. 하나님이 호렙산에 선 모세에게 하신 충고는 그 후 오늘날까지 하나님의 종들에 의해 수많은 지역에서 선포되고 있다.

내가 오늘 하늘과 땅을 불러 너희에게 증거를 삼노라.
내가 생명과 사망과 복과 저주를 네 앞에 두었은즉

너와 네 자손이 살기 위하여 생명을 택하[라]. (신 30:19)

우리의 과제는 선택의 기회를 제공하는 것이다. 비단 신생아의 울음소리, 기침하는 소리, 외딴 오두막에서 나는 산모의 신음을 듣는 것만이 아니라, 돌보고 곁을 지키고 힘을 주고 사랑하고 안심시키고 격려하고 가르치는 것, 하나님이 당신을 사랑하시며, 당신은 그리스도께서 위해 죽으신 귀한 존재라고 알리는 것이다. 선택의 기회가 제공되지 않는 한 선택의 여지란 없으며, "내가 여기 있다는 걸 아는 사람이 있나요?"* 라는 질문은 미사여구로만 남아 있을 것이다.

- "Does anybody know I'm here?"는 1968년에 발표된 미국의 R&B/소울 그룹 The dells의 노래 제목으로, 흑인 병사들의 눈으로 본 베트남 전쟁에 관한 노래다—편집자.

9

비판적 의견

성경을 진지하게 읽고, 역사 연대기에 눈을 뜬다는 것은 두렵고 떨리는 일이다. 하나님은 스스로를 죄인의 심판자로 천명하셨고, 그분의 심판은 성경의 페이지들을 가득 채우고 있으며, 인간 삶의 모든 조각에서 우리를 향해 외치고 있다. 하나님의 현세적 심판은 개인들에게, 사회에, 전 인류에게 나타나 있다. 우리는 우리 자신이 파멸을 향해 무모하게 달려가고 있다는 사실을 알며, 그것은 단순히 현세에만 해당하는 것이 아니라 궁극적이고 영원한 파멸일 수도 있다. 우리가 하나님에 대한 반역을 계속 고집하는 한 결코 집행유예의 희망은 없다.

그러나 일단 우리가 성경의 하나님, 참 하나님께로 돌아서기만 하면 우리의 공포는 일순간에 신뢰로 바뀌게 된다. 만물의 창조자로 자신을 알려 주신 참 하나님은 우리의 상상을 초월한 권위와 지혜와 사랑을 가지고 계시기 때문이다.*

존 웬햄

* John W. Wenham, *The Goodness of God* (InterVarsity Press, London, 1974), p. 174.

책의 서두에서 제기했던 딜레마로 잠시 눈을 돌려 보자. 기독 병원의 이상은 아직 살아남을 수 있는가? 나는 그렇다고 믿는다. 우리는 이것이 교회의 사역에 필수적이며, 무엇보다도 복음 사역에 필수적이라고 생각한다. 왜냐하면 하나님이 인간이 되셨을 때, 그분이 치유 사역을 행하셨기 때문이다. 이 상처 난 우주에는 불안과 고통이 존재한다. 우리가 살고 있는 이 세상은 영광스런 창조 개념의 증거를 지니고 있지만, 개별 피조물에게는 사실상 종종 적대적이다. 따라서 창조주가 자신의 성품을 궁극적으로 나타내시기 위해 피조물의 형태를 취하셨을 때 **그가 치유하셨다**는 것은 근본적으로 중요하다. 하나님의 영광의 광채이자 그대로 하나님의 본체이신 그리스도는, 사탄의 힘이나 비정상적 억압들에 유린당한 사람들을 만날 때마다 그 생명과 건강을 회복시키시고 고통을 감소시켜 주셨다. 하나님은 교리적으로뿐 아니라 인간 역사의 기록에서도 영원히 악과 분리되어 계신다. 이것이 우리 메시지의 중심이다. 따라서 이 신-인을 자신의 구주로 선언한 사람들 그리고 이 희망의 메시지를 들고 억압받는 자들에게로 보냄받은 사람들은 예수님처럼 치유하여야 한다. 그리스도의 구원하시는 긍휼의 사랑을 나타내는 방법은 수없이 많으나 의료도 그 가운데 하나가 되어야 한다. 병원도 그 가운데 하나가 되어야 한다. 그리고 병원은 진실로 하나님의 사랑하시는 성품을 손에 잡히게, 조직적으로, 경험적으로 나타낼 수 있는 곳이다.

그러나 세상은 정지해 있지 않으며, 우리의 역할은 사회적·경제적·기술적 현실과 관련되어야 한다. 우리는 의료, 특히 병원 치료에서 불가항력적 기술의 진보를 뒤쫓아 가고 있는 형편이다. 우리는 과학적 진보에 끌려가고 있다. 기술 지식의 팽창은 단순히 기하급수적으로 성장하고 있는 것이 아니다. 1940년 후반에 시작된 전산화 혁명의 결과, '수평 이동'의 과정이 진행되었고, 한 분야의 혁신이 또 다른 분야의 혁신을 자극하게 되었다. 상호 간의 영향력은 이차원 그래프의 곡선 형태가 아니라 뿔 모양의 삼차원적 성장을 탄생시켰다. 수많은 지수 곡선들이 한 점에서 360도 방향으로 뻗어나간다고 생각해 보라. 원뿔 형태가 만들어진다. 시간 축 상의 어느 점에서건 이 원뿔을 잘랐을 때 나타나는 단면은 과학 지식의 팽창이 이루어지는 정도를 측정하는 수단이다. 이러한 지식 팽창을 자극하는 요소는 대부분 기술 그 자체 안에 있다. 우후죽순 격의 성장은 주로 필요성이나 해결해야 할 문제에 대한 반응으로 나타나는 것이 아니다. 성장은 다소간 자급자족과 자기선전을 위한 것이다.

이제 이 전자 기술의 팽창이 선진국의 보건 산업을 집어삼켰다는 사실을 마음에 둔다면, 우리는 전 세계 건강관리에 미치는 그 영향력을 신중히 평가해 보아야 할 것이다.

파라멜리 Faramelli는 기술 사회에서 나타나는 정신적 태도의 특징 다섯 가지를 언급한다.

1. 경험적이고 실용적인 정신. 무엇이건 작동하기만 하면 유효하다

는 사상. "사물의 본질이 아니라 기능이 가장 중요하다."•
2. **목적이 아니라 수단에 매력을 느낌**. 왜 해야 하느냐보다는 어떻게 할 수 있느냐를 중요시하며, 그 결과, **할 수 있는** 일이면 **해야 한다**는 사상이 나타났다.
3. **질보다 양에 대한 강조**. 경제 성장이나 생산성 증대가 궁극적 기준이 된다는 관념뿐 아니라 수학적으로 측정 가능한 것만이 의미가 있다는 생각.
4. **기술적 효율성과 경제 이윤을 우선시함**. 이것은 "산업 사회에서 강조되는 통일된 원리"다.••
5. **자연을 조작하는 의식 구조**. 창세기 1장의 문화명령에 따라 인간은 자연의 힘을 조작할 수 있지만, 기술 사회의 인간은 순전히 합리적 세계관에 따라 그렇게 하고 있다.

이런 의식 구조가 보건 산업을 장악한다면 '군산복합체'military industrial complex 못지않은 무서운 권력 구조에 지배를 받게 될 것이다. 마음heart은 의료 서비스에서 제거될 것이고, 가치values는 효율성을 위해 희생될 것이며, 인간 생명의 신성함은 영구 손상될 것이다. 그래서 분자생물학과 유전공학을 이용한 생명과학적 조작을 향한 움직임이 매우 강화될 것이다.

•   Norman J. Faramelli, *Technethics: Christian Mission in an Age of Technology* (Friendship Press, New York, 1971), p. 32.
••   같은 책, p. 33.

인류의 건강에 미치는 전자 기술의 영향은 단지 가상 미래의 문제가 아니며, 선진국에서 일어나는 윤리적 논쟁거리도 아니다. 전자 기술은 현장에서 긴급히 필요한, 투박하지만 기초적인 방법들과 경쟁하고 있기 때문에, 개발도상국에서 보건 서비스를 제공하는 데 심각한 장해가 될 수 있다. 1977년에 열린 국제병원연맹의 제20차 총회에서 리시테르H. B. Richter는 저개발 국가에 전자 산업이 수입될 때 실질적으로 건강관리에 초래될 수 있는 세 가지 장해를 언급한 바 있다. **병원 신비주의**(hospital mystique, 화려한 치료법에 대한 열광과 복잡한 장비에 대한 찬양)는 기술 의학을 선호하도록 자극하고, 이 과정에서 사람들을 그들의 실제 필요에서 분리시킨다. "우리는 최고의 것을 받을 자격이 있다"라고 주장하는 **양질 콤플렉스**quality complex는 다수의 대중을 뒤로 하고 사회의 일부 특권층만을 위한 의료를 시행하게 한다. **바이오메디컬 다국적 기업의 판매 압력**은 더욱 해롭다. 가난과 무지와 영양실조를 인식하지 못하는 기업이나 기술주의적 지적 풍토를 과장하는 기업 모두 제3세계의 필요를 해결할 준비가 되어 있지 않고 동기도 없다. (브라질 정부에서 몇 대의 코발트 원거리 치료 장비를 구입했으나 한 번도 가동된 적이 없는데 이는 장비를 다룰 수 있는 기사가 없었기 때문이다. 몇 년 후 바이오메디컬 회사의 판매원이 다시 와서 말했다. "이제 이 코발트 장비는 구식이어서 안 쓰는 것이니 선가속 장치로 교체하는 것이 최선입니다." 이 예화는 현실을 잘 대변해 준다.)

우리는 인간의 곤경과 그에 대한 생명과학의 해답 사이 거리가 점점 더 심화되는 것을 목격하고 있다. 이 간격은 근본적인 문제들도 해결되지 않은 개발도상국의 형편과 기술주의의 팽창에 터무니없이 많은 지출을 하는 선진 국가들의 형편을 비교하여 설명할 수 있다. 이 간격은 날이 갈수록 점점 벌어지고 있다.

세계의 인구 증가는 매년 2퍼센트 정도로 유지되고 있고, 세계 인구가 배가되는 데는 38년이 소요된다. 2014년에는 지구의 인구가 82억이 될 것이다.* 인구 과잉은 도시 집중, 가난, 고용 문제, 범죄, 매춘, 마약 문제 등 심각한 문제를 야기한다.

도시화에 대해서는 의료 문제와 관련이 있기 때문에 특별히 언급할 필요가 있다. 개발도상국에서는 도시의 인구가 두 배로 증가하는 데 15년이 걸린다.** 인구가 백만 명이 넘는 도시가 1960년에는 75개였다. 그러나 2000년이 되면 인구가 백만 명 이상인 도시가 220개에 이를 것이다.*** 1920년에는 세계 인구의 28퍼센트가 도시에 거주했다. 그러나 이 수치는 1960년에 41퍼센트로 증가했고, 2000년에는 60퍼센트 이상으로 증가할 것으로 예상된다.**** 시골에서 도시로의 인구 유입은 식량이나 물 공급 문제, 위생 시설, 학교 등의 부담을 가중시킴으로써 도시를 거주하기에 적절하지 못한 곳으로 만든다.

-    *Readers Digest* (January 1977), p. 55. (실제 2014년 세계 인구는 72억 4400만 명이었다 — 편집자.)
-   Donnella H. Meadows, Dennis L. Meadows, Jorgen Randers and William W. Behrens III, *The Limits of Growth* (New American Library, New York, 1972), p. 35.
-   Twentieth Congress, International Hospital Federation: Discussion Paper, "Health Care in Big Cities," May 1977. (유엔인구국의 세계 도시화 전망에 따르면 인구 백만을 넘는 도시는 1990년에 이미 274개, 2018년 548개였으며, 2030년 706개에 달할 것으로 예상된다 — 편집자.)
-   Ronald S. Seaton and Edith B. Seaton, *Here's How: Health Education by Extension* (William Carey Library, Pasadena, California, 1976), p. 5. (실제로는 2014년 도시 인구 비율이 54%였으며, 2050년까지 66%에 이를 것으로 전망된다 — 편집자.)

인구 증가로 야기된 한 가지 문제로, 경작 가능한 농지의 감소를 들 수 있다. 전 세계에 경작이 가능한 농지는 32억 헥타르다.[*] 현재의 생산성 수준이라면 한 사람당 0.4헥타르의 경작지가 필요하다. 그런데 도시화와 산업 목적의 토지 용도 변경으로 말미암아 생산성 있는 농지가 사라지고 있다. 한 자료에 따르면 1985년에는 지구상의 경작 가능한 토지를 모두 경작하고도 10억 명이 남아돌 것이라고 한다.[**] 다른 전문가는 추가로 땅을 매립하여 생산성에 투입할 수 있으나 비용이 증가한다는 점을 인정한다.[***]

현재 해마다 1-2천만 명이 직·간접적 영양실조로 죽는다.[****] 소위 '녹색혁명'은 상당한 낙관주의를 불러일으켰으나, 그것도 새로운 '기적의 씨앗'이 최적의 관개 시설과 화학비료와 살충제가 완비된 땅에 뿌려졌을 때에만 생산성이 증가하기 때문에 결국은 실패로 돌아갔다.[*****]

기술의 발달에 의한 합성식품 synthetic food 영역의 발전, 바닷물의 염기 제거, 해양 산업 등을 통해 식량의 고갈을 예방하거나 지연시켜 볼 수 있으리라는 희망이 있다. 1975년에는 전 세계의 식량 필요량이 식량 생산량을 초과할 것이라고 예상되었으나, 1973년 가뭄이 들자 세계 곳곳에서 대기근이 현실로 나타났는데, 아프리카의 사헬 Sahel 지역에서만 35만 명이 굶어 죽었으며 인도네시아부터 아시아, 아프리카를 거쳐 남

- [*] Meadows 외, 앞의 책, p. 60.
- [**] Seaton 외, 앞의 책, p. 4.
- [***] Meadows 외, 앞의 책, p. 60.
- [****] 같은 책, p. 61.
- [*****] Seaton 외, 앞의 책, p. 8.

아메리카까지 기아 사태가 발생했다.* 다시 말하면 우리는 자원이 이미 감소한 시점에 도달했으며, 재해는 이미 시작되었다는 것이다.

어떤 전문가들은 구리, 금, 수은, 은, 주석, 아연 등도 2000년까지는 고갈될 것이라고 예상한다.** 또 어떤 전문가들은 이런 천연자원들이 사용하기에 너무 비싸진다면 고도의 기술로 새로운 대체물을 발견할 것이라고 주장하기도 한다. 한 가지 확실한 사실은 천연가스와 석유 보유량이 그리 많지 않다는 것이다. "석유 시대의 종말이 눈에 보이고 있다"고 미국의 암석지질학자인 허버트M. K. Hubbert는 말한다. 1960년까지 발견된 모든 원유가 1974년까지 모두 채굴되었을 수 있다.***

역사는 1973년 10월이 인류에게 전환점이었다고 인식할 것이다. 그때까지 서구 나라들은 기술의 진보가 미래를 보장해 주리라고 믿어 왔다. 그러나 이때 이후로 우리는 '성공의 시대'에서 '결핍의 시대'로 넘어왔음을 인식하게 되었다. 욤 키푸르Yom Kippur 전쟁과 그 결과로 일어난 석유 수출 금지는 그 후 수년간 전 세계적 불황을 초래했지만, 그보다 우리가 석유 자원 매장량을 고갈시키고 있다는 경고를 통해, 우리 지구에 훨씬 더 큰 재난이 일어나는 것을 막기 위해 뭔가 해야 할 시기가 되었음을 일깨웠다. 어떤 나라에서는 석탄이 도움이 될 것이고 나중에는 태양에너지가 이용될 것이다. 다음 세기의 초기에는 핵융합 반응이 응용될 수 있겠지만 그디 음 사반세기에 일어날 끔찍한 사태를 예

-    *Chicago Tribune* (October 13-18, 1974).
-    Meadows 외, 앞의 책, p. 69.
-    *National Geographic Magazine*, 145:6:821, June, 1974.

방하기에는 충분하지 않다.

선진국들이 에너지의 대부분을 소모하고 있다. 산업화의 확장으로 자원에 대한 수요는 증가하고, 지구의 비재생 자원을 고갈시키는 한계점으로 몰아가고 있다. 이것은 새로운 문제를 야기한다. 사용되지 않은 찌꺼기가 지구의 대기와 토양, 물에 퍼져 나가는 것이다. 바로 공해 문제다.

바닷고기에서 검출되는 수은, 도심의 대기 중 납 입자, 대기 중 이산화탄소, 북미 오대호에서 발견되는 칼슘, 황, 그리고 또 다른 화학 성분들, 모든 대륙과 대양의 동물들에서 발견되는 DDT 등은 우리가 지금 대처할 방도를 찾는 문제들 가운데 일부다. 가장 중요한 것은 핵폐기물이다. 석유가 부족하자 서유럽에서는 원자로의 역할을 점점 중시하여 1974년 에너지 요구량의 2퍼센트를 담당하던 핵에너지를 1985년에는 9퍼센트로 끌어올렸다.* 미국의 원자력 발전 용량은 현재의 11,000메가와트에서 2000년까지 90만 메가와트로 증가할 전망이다. 그때까지 저장된 핵폐기물(핵발전 과정의 부산물)의 총량은 1천억 퀴리를 넘을 것이며, 해마다 2,500만 퀴리가 대기 중과 냉각수로 방출될 것이다.**

지구의 자연계가 얼마만큼의 공해를 견뎌 낼 수 있을까? 2000년까지 지구상의 총 오염 물질은 현재의 10배에 이를 것이며, 이는 인간이 무분별하게 산업화로 질주해 온 결과다.

- *Time* (May 9, 1977).
- Meadows 외, 앞의 책, p. 81. [퀴리(Curie, Ci)는 과거 방사능을 측정하던 단위로, 현재는 국제적으로 통일된 방사능 단위인 베크렐(Bq)을 사용한다. 1퀴리는 3.7×10^{10} 베크렐(37GBq)이다―편집자.]

평균 산업 성장률은 매해 7퍼센트로, 이는 재생 불가능한 자원의 고갈뿐 아니라 공해 문제, 그리고 부국과 빈국 간 경제적 차이를 심화시키고 있다. 세계의 산업 성장 대부분은 산업화된 나라에서 일어나며 그 나라들은 상대적으로 인구 증가율이 낮다. 경제 성장과 인구 증가를 연관지어 분석한다면 1970년에 나이지리아의 1인당 GNP는 70달러였고 미국은 3,980달러였다. 그러나 2000년에는 GNP 차이가 심해져서 나이지리아는 60달러인 반면 일본은 23,200달러에 이를 것으로 추정된다.• 다시 말해 부익부 빈익빈 현상인 것이다.

1972년 '로마 클럽'이 『성장의 한계』The Limits of Growth라는 제목의 작은 책을 출간하자 일대 센세이션이 일었다. '보이지 않는 대학'이라고도 불리는 이 클럽은 과학자, 교육자, 경제학자, 실업가, 정부 관리 및 국제기구 종사자 등으로 구성되어 있다. 1968년 시작된 이 국제 민간단체는 여러 차례의 회의를 개최한 끝에 '인류 위기에 관한 프로젝트'Project on the Predicament of Mankind라 불리는 사업에 착수하기로 결정했다. 앞에서 언급한 책은 이 그룹에서 데니스 메도즈Dennis Meadows의 지도하에 MIT팀이 수행한 예비 연구의 결과물이다.

간단히 설명하자면, 이 연구는 이 장에서 이미 기술한 다섯 가지 요소를 조사하고, 기존에 확인된 1900년에서 1970년 사이의 지수 곡선들을 기반으로 컴퓨터나 '모델'을 사용하여 일련의 예측을 내놓았다. 분석된 요소들은 인구 증가, 1인당 식량의 감소, 재생 불가능한 자원

• 같은 책, p. 50.

의 고갈, 공해, 그리고 1인당 생산력 등이다. 이들의 연구 결과는 "역사적으로 세계 발전을 이끌었던 물리적·경제적·사회적 관계들에 중대한 변화"가 일어나지 않는다면, 2100년에 이르기 전에 세계 시스템의 붕괴가 일어날 것임을 시사한다.• 먼저 지구 자원의 고갈로 산업 성장이 멈춰 설 것이고 그러면 식량 공급이 고갈되고, 결과적으로 식량 부족과 의료 서비스 희소화로 인구가 급격히 감소할 것이다.

    로마 클럽이 1972년에 내놓은 암울한 전망에 대해 동의하지 않는 미래학자들도 일부 있었다. 그들은 이 계산에서 중요한 요소들, 예를 들면 대체 에너지나 대체 식량의 사용, 새로운 자원을 개발하거나 공해를 예방하는 데 기여할 기술의 발달, 인구 폭발을 저지할 가능성 등에 대한 분석을 배제했다고 주장한다. 사실 해양 농업marine farming이나 합성식품 생산으로 세계 기아 문제를 해결할 수 있기를 기대하는 마음이 간절하다. 인류는 화석 연료 부족이 심화되자 그 대책으로 태양에너지와 핵융합 연구에 눈을 돌리고, 핵폐기물 저장에 따른 위험성을 방지하기 위한 연구도 병행하고 있다. 세계 시스템의 붕괴에 대한 종말적 예상이 맞건 틀리건 간에, 기술을 통한 성장과 풍요라는, 일반적으로 받아들여지던 개념은 인류의 대부분 영역에서 사실이 될 수 없다는 것이 자명해지고 있다. 우리가 아는 대로 오늘날 서구의 생활 수준을 유지하게 해 준 과학 기술은 그만큼의 자원 소모를 요구하고 또 그만한 수준의 공해를 만들어 내므로, 이 기술을 세계 전역에 적용하려는 노력

-    같은 책, p. 129.

은 그리 유익한 일이 아니다. 메도즈와 그 동료들이 지적한 대로 성장에는 한계가 있으며, 우리 지구가 파국을 면하려면 "개인 수준에서뿐 아니라 국가적이고 세계적인 차원에서도 가치관과 목표의 변화"가 이루어져야만 한다.•

그리스도께서 이 시나리오를 바꾸기 위해 다시 오실 수도 있다. 많은 그리스도인에게 이것은 성경에 근거를 둔 소망일 뿐 아니라 아주 매력 있는 실제적 해결책이다. 그러나 우리는 하나님의 때를 알지 못한다. 한 가지 확실한 것은 하나님은 모든 시대의 주님이시라는 사실이다. 역사 속에서 하나님은, 믿음과 희망을 인간의 이성이나 세속 권력 혹은 과학 기술 등에 두지 않고 하나님께 두는 자기 백성을 부르고 계신다. 역사의 초점은 지구를 뒤덮을 대격변 사건이 일어난다 해도 변하지 않을 것이다. 역사의 초점은 예수 그리스도의 십자가였다. 하나님이 그 아들을 통해 자신을 드러내신 일은 어떤 사건이 일어난다 해도 우주의 중심 사실로 남을 것이다. 어떤 경우에도 "예수 그리스도는 어제나 오늘이나 영원토록 동일하시[다]"(히 13:8).

"그 영혼을 미쁘신 창조주께 의탁"한(벧전 4:19) 우리는 그분의 자원이 우리의 상상을 초월할 만큼 무한하며, 그분의 사랑이 결코 우리를 떠나거나 이 세상을 포기하지 않으리라는 사실을 잘 안다. 다른 사람들은 지구의 사회경제적 붕괴 징조에 당황할지 모른다. 우리는 그리스도께서 이 우주를 그분의 역동적이고 응집력 있는 힘으로 붙들고 계심

• 같은 책, p. 198.

을 안다. 다른 사람들은 과학 기술의 한계에 절망할지 모른다. 그러나 우리는 하나님의 자원에 한계가 없음을 안다. 현대 지질학과 우주학은 하나님에 대한 우리의 이해를 확장시켜 주는 정보들을 제공해 주고 있다. 그분은 우리가 생각했던 것보다 어마어마하게 훨씬 더 강력하시고, 어마어마하게 훨씬 더 지적이시다. 그분의 사랑 역시 어마어마하시다.

이 강력하고 지혜로우시며 사랑하시는 하나님이 그분의 통치 목적을 펼치시는 일에 동참하라고 우리를 부르신다. 참여하는 제자에게는 급진적 순종이 요구된다. 우리는 하나님의 관점에서 생각해야 하고, 그분의 음성에 귀 기울여 기도해야 하며, 대가를 치르더라도 사랑해야 한다. 그분의 지혜가 우리의 지적 결정을 조명해야 하고, 그분의 능력이 우리의 의지에 힘을 공급해야 하며, 그분의 사랑이 우리의 열정을 사로잡아야 한다.

의료 사역에 관여하는 우리들은 명확하고 때로는 고통스러운 판단을 해야만 한다. 우리는 앞에서, 기독 병원이 신앙과 과학을 초월한 진리에 대한 증언이며, 인간의 가치라는 개념을 간수하는 보고, 그리스도의 탁월하심에 대한 목격자, 사랑의 생활 방식을 드러내는 전시장이라고 진술했다. 그리스도께 대한 급진적 순종을 병원 정책에 적용하려면, 세속 사회와 의료 산업이 연합하여 행사하는 압력들에 저항하기 위해 항상 경각심을 가지고 있어야 한다. 전자 기술의 폭발적 발전과 점증하는 인류의 비극 한가운데서, 우리는 인간의 가치와 의생명과학적 가치가 충돌할 때 과감히 인간의 가치를 선택하는 용기를 가져야 한다. 장비를 선택하는 데서도 성령의 인도하심에 따른 우리 나름의 손익 분석을 수행해야 한다. 그렇지 않으면 병원 경비 증가의 악순환으로 결국 가난한 사람의 건강관리를 포기하게 된다. 사회의 상처를 치료할 방법을 계획할 때는 경제보다 정의에 더 큰 발언권을 줘야 한다. 인간 영혼의 위기를 대면할 때는 수개월을 더 연명하는 것보다 무한한 영원의 세계에 들어가는 것이 얼마나 더 중요한지를 기억해야 한다.

우리는 혼자가 아니다. 모든 그리스도인 개인은 작은 교회다. 교회는 곧 그리스도의 몸이며, 이 세상이 존속하는 한 이 세상에서 하나님이 구원을 이루시는 도구다.

10

파라클레시스

예수께서는 세상을 떠나는 마지막 순간까지 극심한 고통 속에 계실 것이다. 그 시간 동안 우리가 잠들어서는 안 된다.
"너는 눈물을 흘리며 애통해하지도 않는데 내가 항상 피를 흘리며 고통받기를 바라느냐?"*

블레즈 파스칼(1623-1661)

* Blaise Pascal, *Pensees and Provincial Letters* (The Modern Library, Random House, New York), 1921.

한국에서 가장 절친했던 동료 가운데 한 사람은 마취과 의사였던 김도수 장로다. 그는 평생토록 주님을 사랑했다. 이런 헌신은 그의 기도에 잘 나타났는데, 환자를 마취하기 전에 드리는 기도와 당시 반원형의 퀸셋Quonset 막사 예배실에서 열리던 매일 예배 때 드리는 공중 기도에 잘 나타나 있다. 그의 신학 전체가, 문법상 영어와 순서가 정반대인 한국어로 흘러나왔다.

> 죄로 인해 죽을 수밖에 없었던 우리를 용서하시고,
> 우리를 예수님의 흘리신 피의 공로로, 사랑하시고 구원하시는,
> 위대하신 하나님!

김 장로는 고혈압이 있었는데, 어느 날 뇌출혈로 인한 혼수상태로 병원에 실려 왔다. 그의 몸 반쪽이 마비되어 있었다. 몇 주 동안 그는 아무런 반응을 하지 않았고, 그의 가족과 친구들도 실망한 상태였다. 그러나 우리는 인내했고, 그는 천천히 의식을 되찾았다. 그가 다시 걷기까지는 수개월 간의 물리 치료가 필요했다. 그리고 드디어, 그를 내 차에 태우고 시온장로교회에 주일 예배를 드리러 데려갈 수 있게 되었다. 우리는 같은 교회의 당회원이었다.

나는 그날 주일 예배가 시작되려던 순간을 지금도 생생히 기억하고 있다. 어느 누구도 그가 예배를 도울 수 있으리라고 예상하지 못했다.

그러나 그는 절뚝거리며 앞으로 나와, 떨리는 손으로 성찬이 담긴 쟁반을 받아 교인들에게 나누어 주기 시작했다. 교인들은 일말의 불안감을 느끼며 이 기적을 바라보고 있었다. 하지만 하나님이 그의 손을 붙들어 주셨고, 내가 단 앞에서 그의 곁에 서 있는 동안 이런 생각이 내 머리를 스쳤다. '우리 모두 그와 같이 떨어야 하는 것이 아닐까? 우리 주님이신 예수 그리스도의 살과 피를 나누는 우리의 손이 이처럼 경외와 경이로 떨리는 것이 맞지 않을까?'

우리가 축복하는 바 축복의 잔은 그리스도의 피에 참여함이 아니며 우리가 떼는 떡은 그리스도의 몸에 참여함이 아니냐. (고전 10:16)

본회퍼D. Bonhoeffer는 나치 수용소에서 이렇게 썼다. "그리스도인이 그리스도인 되는 것은 어떤 종교적 행위에 의한 것이 아니라, 이 세상의 삶에서 그리스도의 고난에 동참하는 것을 통해서다."*

우리는 보통, 우리의 영원하신 아버지를 고난받으시는 하나님으로 생각하지는 않는다. 그분은 거룩하시고, 전지하시며, 전능하시다. 그런데 고난을 받으신다고? 그러나 성경은 분명히 말한다. 그리스도로 옷 입으신 하나님은 슬픔의 사람이었으며, 비통한 마음을 경험하셨고, 고난을 통해 완전해지셨고, 아무런 불평 없이 우리의 슬픔을 짊어지셨으

• Dietrich Bonhoeffer, *Letters and Papers from Prison* (Macmillan Company, New York, 1953), p. 223. 『옥중서간』(대한기독교서회).

며, 영원히 살아 계셔서 우리를 위해 중보하시며 우리의 사랑을 갈망하시는 사람이었다. 우리가 성부 하나님에 대해 알 수 있는 모든 것은 그 아들이신 예수에게서 배워야 한다. 그리스도께서 세대마다, 아니 매년 그리고 매일 십자가에 달리신다는 말은 의미가 있다. 그리스도를 통한 하나님의 사역은 완성되었다. 그러나 모든 사람이 그분을 받아들일지 거절할지 선택할 기회를 얻게 될 때까지, 그분은 "내가 너를 여기까지 사랑한다"라고 말씀하시며 십자가에 달리신다.

우리는 우리의 병약한 심정을 어루만지시는 하나님을 믿는다. 그분이 육신이 되셨다. 우리는 무엇보다도 거룩하신 하나님을 믿는다. 그분이 성육신을 통해 고난이 죄보다 낫다는 사실을 나타내 보이셨다. 우리는 우리를 향한 자비를 나타내시려고 큰 대가를 치르신 하나님을 믿는다. 그분이 자기 아들을 대속물로 보내 주셨다. 따라서 예수님이 우리를 제자로 부르셨다는 뜻 속에 고난에 동참하는 것이 포함된다고 해서 이상하게 여겨서는 안 된다. 실로 그리스도인은 그리스도를 위해 낙인이 찍힌 존재다. 어떤 시인이 썼듯이, "그분이 그 영혼들 위에 그분의 이름을 새기셨으니, 그들의 인 맞은 상처로 그들을 알아보실 것이다."* 예수 그리스도는 자신의 제자들에게, 고난받는 자들의 삶의 영역에서 하나님의 자비를 전달하는 도구가 되기를 요구하신다.

이것이 내가 전에 쓴 책 『아버지는 내 아픔을 아시는가?』의 요지였

- Stephen Phillips, "GRIEF AND GOD", *New Poems* (The Bodley Head, New York, 1908), pp. 17-21.

다. 그 책의 상당 부분이 인간 고통의 이유-('왜')에 대한 답이었지만, 예수를 따르는 이들 앞에 놓인 두 가지 도전에 대해서도 이야기했다. 첫째는 동참의 십자가다. 감히 말하건대, 우리가 그리스도의 흔적을 지니지 않는다면 그분은 우리를 당신의 제자라 부르실 수 없다. 둘째는 언약의 십자가다. 예수의 제자들은 하나님의 자비로운 언약에 참여해야 한다는 것이었다. 그러나 이번 책은 신학 이론보다는 사역에, '왜'보다는 '어떻게'에 더 관심을 두고 있다. 그럼에도 우리가 결론지은 바처럼 우리는 이 사역의 신학적 합리성과 영적 근거를 추구해야 한다. 나는 하나님의 자비의 언약에 동참한다는 우리의 신조를 표현하기 위해 '의료 언약'medical testament이라는 개념을 제시한 바 있다.* 하나님의 자비에 동참한다는 이 개념은 의료 및 모든 형태의 보건 행위를 초월하는 것이지만, 치유 사역이 없으면 하나님의 말씀이 온전히 전달되지 않는다. 하나님은 기독 의료의 존재가 사라지는 것을 허락하지 않으신다! 하나님의 긍휼을 나타내 보이기 위해 설립된 병원들이 세속화하는 것을 보며 나는 큰 소리로 항의하고픈 충동을 느낀다. 잘사는 나라에서건 열악한 나라에서건, 의료인으로서 의미 있는 증인이 되라고 내가 압박할 수는 없다. 나는 기독 병원들이 재정적·과학적·사회정치적 압력들에 굴복할 때, 복음에 담긴 가치 있고 소중하며 근본적으로 필수 불가결한 무엇인가를 잃게 된다는 사실을 강조하고 싶다. 그렇지만 우리

• David John Seel, *Does My Father Know I'm Hurt?* (Tyndale House Publishers, Wheaton, Ill., 1971), p. 63.

의 성경적 지침이 전적으로 의료에 관한 것이라고 주장할 수는 없다. 치유를 의료만의 특권이라 여기는 주장은 확실히 추정일 뿐이다. 좀 더 폭넓게 적용할 수 있는 사역의 원리를 찾기 위해서는 좀 더 포괄적인 용어를 사용하는 것이 더 현명할 것이다. 고린도후서에서 바울이 사용한 '**파라클레시스**_paraklesis_'에 바로 그러한 개념이 담겨 있다. 이 서신서의 1장에서 바울은 의료선교를 포함하여 그리스도의 이름으로 수행되는 모든 긍휼의 사역에서 헌장으로 쓰일 만한 선언을 제시하고 있다.

찬송하리로다. 그는 우리 주 예수 그리스도의 하나님이시요 자비의 아버지시요 모든 위로의 하나님이시며 우리의 모든 환난 중에서 우리를 위로하사 우리로 하여금 하나님께 받는 위로로써 모든 환난 중에 있는 자들을 능히 위로하게 하시는 이시로다. 그리스도의 고난이 우리에게 넘친 것같이 우리가 받는 위로도 그리스도로 말미암아 넘치는도다. 우리가 환난당하는 것도 너희가 위로와 구원을 받게 하려는 것이요 우리가 위로를 받는 것도 너희가 위로를 받게 하려는 것이니 이 위로가 너희 속에 역사하여 우리가 받는 것 같은 고난을 너희도 견디게 하느니라. 너희를 위한 우리의 소망이 견고함은 너희가 고난에 참여하는 자가 된 것같이 위로에도 그러할 줄을 앎이라. (고후 1:3-7)

여기서 사용되는 **위로**comfort라는 명사가 헬라어 '파라클레시스'인데 직역하면 '곁에 부름받다'(_para_ = 옆에, 나란히; _klesis_ = 부르다 또는 끌어내다)라는 뜻이다. 그러므로 '파라클레시스'는 그 쓰임새 면에서, 멀리 떨어지거나 분리되어 제공하는 서비스가 아니라 곤경에 처한 자에게 애착을 가지고 그에게 관여함으로써 그를 강하게 하고, 격려하고, 지지하는 것, 그를 돕기 위해 곁에 가는 것을 의미한다. '위로'라는 단어에는 우리가 이 본문에서 사용된 그 단어를 제대로 이해하고자 한다면 버려야 할 의미가 내포되어 있다. 우리는 '위로'라는 단어를 육체적 안위(安慰)를 의미하거나 진실하지만 감상적인 연민의 개념을 표현할 때 사용한다. 그러나 어원적으로 위로comfort는 '강함을 주다' *cum fortis*라는 뜻이며 이런 관점에서 볼 때 '파라클레시스'와 아주 부합된다. 폭풍에 나무가 구부러지면 부러지는 것을 막기 위해 반대쪽에 버팀목을 받쳐 준다. 일꾼이 무게를 견디지 못하고 비틀거리면 동료가 짐을 나눠 지기 위해 달려온다. 어떤 사람이 잔해에 깔려 움직이지 못하고 있으면 이웃들이 달려와 그것을 들어올린다. '파라클레시스'는 곤경을 해결하기 위해 고통을 나누고 고난에 동참하는 것을 의미한다.

이 단어에는 세 가지 개념이 포함되어 있는데 이 개념을 의료 서비스에 구체적으로 적용하려면 정교한 노력이 필요하다. 사실 의료 서비스뿐 아니라, 그리스도를 위하여 하는 모든 사랑의 수고가 마찬가지다. '파라클레시스'는 경건한 행위다. 우리 스스로의 힘으로는 이 일을 감당할 수 없다. 우리는 하나님이 위로자시며, 고난당하는 하나님이시며, 보혜사 하나님이심을 마음속에 항상 새겨야 한다

위로자 하나님

"자비의 아버지시요 모든 위로의 하나님이시며 우리의 모든 환난 중에

서 우리를 위로하사 우리로 하여금 하나님께 받는 위로로써 모든 환난 중에 있는 자들을 능히 위로하게 하시는 이시로다." 오늘날 작가가 한 문장에 같은 단어나 같은 어원의 말을 다섯 번씩이나 거듭 사용하는 것을 용납할 편집가는 없을 것이다. 그러나 다행히도 바울의 서신은 편집되지 않았고 그래서 이 본문은 경험으로서나 목적으로서 모두 '파라클레시스'에 대해 특별히 강조하고 또 강조한 선언문이 될 수 있었다.

첫째로, 하나님의 위로를 **경험하는 것**은 위로하시는 하나님의 **도구**가 되는 데 핵심이다. 우리는 우리가 아는 바, 우리의 환난 중에서 우리를 위로하시는 하나님에 대해서만 말할 수 있다. 만일 내가 한 번도 부축받을 필요를 느끼지 못했거나, 인생에서 내 연약함을 느끼고 도움을 구하는 과정에서 영적·정신적·육체적으로 비탄과 번민에 휩싸인 적이 없다면, 절망이나 당황, 혼란, 공포, 후회의 순간에 나 자신을 하나님께 맡기고 그분의 자비와 위로와 위안을 경험하지 않았다면, 이 성경 말씀에 비추어 볼 때 나는 누군가에게 그리스도의 위로를 나누는 자리에 있지 않다. 파라클레시스의 자격은 하나님의 파라클레시스를 경험한 것이다. 하나님이 자신에게 무엇을 해 주셨는지 증거할 수 없는 사람은 하나님이 다른 사람에게 무엇을 해 주실 수 있는지 선포하는 일에 유용하게 쓰이기가 어렵다.

두 번째로, 하나님의 위로하시는 사역은 목적이 있다. 우리가 하나님의 위로를 받은 것은 우리가 위로할 줄 아는 사람이 되기 위해서다. 이것이 하나님의 수학의 한 예다. 자비를 경험한 사람은 자비의 수단이 되어, 받은 선물을 몇 곱절로 불린다. 선한 일은 전염력이 있다는 것,

기쁨은 퍼져 나간다는 것, 사랑은 사랑을 낳는다는 것, 신뢰는 신뢰를 만들어 낸다는 것을 우리는 안다. 그러나 우리 주님의 이 사역, 격려해 주시고 북돋아 주시는 이 사역은 우리를 통해서 배가될 뿐 아니라 한 목적을 위해서도 배가된다. 그 목적은 이것이다. "많은 사람의 감사로 말미암아 은혜가 더하여 넘쳐서 하나님께 영광을 돌리게 하려 함이라"(고후 4:15).

의사가 위로의 도구로서 자격을 갖추려면 프로필을 상당히 낮추는 것이 요구되는 것 같다. 의사들은 위신과 특권을 자랑스럽게 드러내고 대접받는 데 익숙하다. 이 성경 말씀이 진리라면, 의사들이 자신의 품위와 이익을 챙기면 챙길수록 인간 영혼의 고뇌를 위해 사역할 능력은 떨어질 것이다. 위로하기 위해서는 자신이 위로받고 격려받은 경험이 있어야 하며, 자신이 나약하고 평범한 인간이며 부서지기 쉬운 존재임을 인정하는 자리에 서 본 경험이 있어야 한다. 파라클레시스의 첫걸음은 하나님 앞에서 낮아지는 것humiliation이다. 의료인들은 세련됨과 높은 교육 수준 때문에 낯설어졌을지 모르는, 인류의 일원이라는 감각을 회복해야 할 경우가 흔히 있다. 우리는 자신의 연약함을 알아야 할 뿐 아니라 이 연약함 때문에 우리가 하나님을 의지하게 된다는 사실에 감사해야 한다. 인간 자부심의 모든 근거도, 개인적으로 이룩한 성취들도 모두 제쳐 놓아야 한다. 아픈 사람을 만날 때 우리는 '하나님의 은혜가 아니었다면, 나도 그와 같았으리라'라고 생각해야 할 뿐만 아니라, 확신을 가지고 "하나님의 은혜와 위로가 내게 임하기 전에는, 나도 그 자리로 가고 있었다"라고 말할 수 있어야 한다. 우리는 높으신 하나님 앞에서 걸인에 지나지 않는다. 그러나 우리는 생명의 양식을 어디에서 구걸할 수 있는지를 아는 걸인이다.

고난당하는 하나님

본회퍼가 상기한 바와 같이 하나님은 이 세상의 삶에서 고난당하신다. 이것은 사랑과 신성으로 인한 비통이다. 이것은 그의 사랑을 거부한 자녀들을 향한 아버지의 아픔이며, 일그러져 버린 자신의 창조물을 바라보는 의로우신 창조주의 아픔이다. 하나님이 2,500년 전 유대 민족의 죄악에 분노하셨다면, 오늘날 그분의 진노는 얼마나 더 크겠는가! 그 당시 법정은 의인을 반대했고, 공정함은 무시되었으며, 진리는 거리에서 죽어 쓰러졌고, 정의는 불법화되었다. 오늘날 법원은 출생 전 태아 살해를 승인하고, 대통령은 속임수를 쓰며, 진리는 진부한 것이 되었고, 성적 부도덕에 대한 제지는 불법이 되어 버렸다. 그리하여 이제 모든 형태의 악이 번성하여, 야웨께서 보시고 이 땅에 정의가 없음을 슬퍼하시며, 아무도 막으려는 이가 없음에 분노하신다.

하나님은 인간의 고통을 슬퍼하신다. 다윗왕은 야웨에 대해 "네 모든 죄악을 사하시며 네 모든 병을 [고치시는]"(시 103:3) 분이라고 찬양하는 시편을 썼다. 다른 시편 기자는 야웨의 자비에 대해 "여호와께서…이스라엘의 흩어진 자들을 모으시며 상심한 자들을 고치시며 그들의 상처를 싸매시는도다"(시 147:2-3)라고 말한다. 이 세상에 어떤 사회적 또는 개인적 불행이나 악한 일도 치료하시는 하나님의 관심에서 벗어날 수 없다. 하나님은 억압받는 자에게 정의를, 가난한 자에게 음식을, 갇힌 자에게 자유를 주기 원하시며, 눈먼 자가 눈을 뜨기를, 꺾인 자가 다시 서기를, 거류민과 과부와 고아가 지속적 돌봄을 받기를 바라신다. 예수님이 목자 없는 양처럼 무력하게 시달리는 군중을 보시고 민망히 여기셨다면, 기아에 허덕이는 수백만의 사람들과 학살당하는 무고한 어린아이들, 오만한 차별로 한 나라 전체를 희생시키는 일들을 바라보시며 하나님이 느끼실 연민은 어떠할지 상상할 수 있다.

그러나 하나님의 고난은 근본적으로 인간의 반역으로 그분의 사랑의 목적이 중절된 것과 관련이 있다. 인간의 고통이나 슬픔이 최악의 악이라는 잘못된 개념에서 벗어나는 것이 절대적으로 중요하다. 개인이든 집단으로서든, 인간을 구속하시려는 하나님의 목적을 성취하는 것이 최고의 선임을 기억하는 것이 절대적으로 중요하다. 하나님의 사랑과 그분의 거룩은 결코 분리될 수 없다. 하나님은 우리가 그분의 사랑을 받을 만한 존재가 될 수 있게 하시려고 우리를 사랑하신다. 이 변화는, 인간이 거룩을 추구하는 것을 배우기 위해 일시적으로 인간의 고뇌와 비통을 요구한다. 어려움을 겪는 것이 나의 성화를 위해 필요하다면, 어려움을 겪어야 할 것이다. C. S. 루이스는 이렇게 썼다.

인간의 고통과 인간을 사랑하시는 하나님의 존재를 조화시키는 문제는, 우리가 '사랑'이라는 말에 하찮은 의미를 부여하며 인간이 만물의 중심인양 만물을 바라보는 한 결코 해결될 수 없습니다. 인간은 중심이 아닙니다. 하나님은 인간을 위해 존재하시지 않습니다. 인간은 자기 자신을 위해 존재하지 않습니다. "주께서 만물을 지으신지라. 만물이 주의 뜻대로 있었고 또 지으심을 받았나이다." 우리를 만드신 주된 목적은 우리로 하여금 하나님을 사랑하게 하려는 데 있는 것이 아니라,…하나님이 우리를 사랑하심으로써 우리를 그의 사랑이 '아주 기쁘게' 머물 수 있는 대상으로 만드시려는 데 있습니다. 하나님의 사랑을 향해 현재의 우리 모습에 만족하라고 요구하는 것은, 하나님께 하나님이시기를 그만두시라고 요구하는 것과 같습니다. 하나님은 하나님이시기 때문에 그의 사랑은 본성상 지금 우리의 인격에 있는 흠들을 저지하고 거부할 수밖에 없으며, 그는 이미 우리를 사랑하고 계시기 때문에 우리를 사랑스러운 존재로 만들기 위해 노력하지 않으실 수 없습니다.*

이 세상에서 받으시는 하나님의 고난은 이 인용문을 읽고 우리 마음에 처음 떠오르는 의미 이상으로 확장된다. 인간의 고통이 하나님께도 고통을 유발하는 것은 사실이지만(그리고 이러한 인간의 총체적 비참함은 하나님보다 못한 어느 인간이라도 연민을 쏟게 만들 테지만), 인간의 악과 반역은 하나님께 더 큰 비통을 유발한다. 인간이 다른 인간을 비인간적으로 대할 때 그분의 존재는 찢김을 당하신다. 그것은 단순히 '죄 없는 자'가 고난당하기 때문이 아니며, 그 순간 악이 승리했기 때문만이 아니라, 인간이 하나님의 사랑을 거절함으로써 모든 인간을 사랑스러운 존재로 영화롭게 하시려는 하나님의 계획이 좌절되기 때문이다. 이는

- C. S. Lewis, *The Problem of Pain* (The Macmillan Company, 1962), pp. 47-48. 『고통의 문제』(홍성사), pp. 70-71.

마치 인간 부모가 그들의 꿈의 청사진이요, 그들이 희생하는 대상이자 목적인 자녀들이 부모에게 등 돌리고 치욕과 증오와 범죄와 탐욕과 신성 모독의 삶을 선택할 때 느끼는 극한의 괴로움과 같다. 누가 하나님의 비통을 측량할 수 있겠는가?

이것이 그리스도께서 대신하여 죽으신 인간이다. 이것이 예수를 십자가에 못 박은, 창조의 면류관이라는 인간의 모습이다. 그리고 이 십자가가 바로 우리가 동참하려는 고난이다. 우리는 그리스도의 위대한 구속 사역이 발휘하는 속죄의 효력에 무엇 하나 추가할 수 없다. 십자가는 하나님이 모든 사람을 구원하기 위해 대가를 치르신 고유하고 은혜로운 수단이다. 그러나 이렇게 구원받은 자들은 이제, 동일한 거듭남의 과정을 통해 고난에 참여해야 한다. 거절당하고, 죽임당하고, 부활하는 과정이다. 우리가 그리스도의 고난을 나누는 만큼 그리스도의 위로도 함께 나눌 수 있다. 고난과 위로는 동일한 잔에서 흘러나오는 것임에 틀림없다.

그렇다면 파라클레시스의 두 번째 자격은 그리스도의 피에 동참하는 것이다. 만일 괴로워하는 사람을 진심으로 달래고 격려하고 힘이 되어 주려 한다면, 고통에 짓눌려 절망 중에 있는 사람을 섬기려 한다면, 그는 하나님이 느끼시는 바와 같이 느껴야 하고 하나님이 갈망하시는 것처럼 갈망해야 하고 하나님이 인간성의 상실 때문에 우시는 것처럼 울어야만 한다. "암탉이 그 새끼를 날개 아래에 모음같이 내가 네 자녀를 모으려 한 일이 몇 번이더냐. 그러나 너희가 원하지 아니하였도다"(마 23:37).

파라클레시스는 우리가 앞에서 이야기한 것처럼 경건한 행위다. 우리는 우리가 가진 전문 기술이나 지적 도구들, 과학적 판단을 부인하거나 무시하거나 간과하지 않으면서, 우리의 약함과 의존성 그리고 우리 자신이 하나님의 은혜를 받는 대상이 되는 경험을 새롭게 인식해야만 한다. 파라클레시스에 대해 직접 얻은 지식은 우리의 메시지에 필수적일 뿐만 아니라 우리의 자세를 겸손하게 낮춘다. 더 나아가 하나님의 고난, 즉 고통 중에 있는 사람에 대한 그분의 비통, 하나님을 거절한 사람들에 대한 그분의 고뇌에 자발적인 동참이 있어야 한다. 눈물 없는 사랑은 없다. 궁극적으로는 하나님이 그분의 자비로운 사역을 실행하실 수 있도록 우리가 항복해야 한다.

"내가 너희를 고아와 같이 버려두지 아니하고 너희에게로 오리라"(요 14:18)라고 그리스도는 제자들에게 약속하셨다. 위대한 위로자시요 또 다른 자신인 성령에 대해 말씀하신 것이다. 성령 하나님은 우리가 받는 위로의 궁극적 근원이실 뿐 아니라 우리를 소유하심으로써 우리가 다른 이들에게 제공할 위로의 궁극적 근원이시기도 하다. 그분이 우리의 삶을 풍요롭게 채워 주신다. 그분이 우리로서는 도저히 불가능한 생각과 말과 행동을 가능하게 해 주신다. 그분이 우리 안에 거하시는 그리스도를 영화롭게 하신다. 그분이 우리 안에 사랑과 희락과 화평과 오래 참음과 자비와 양선과 충성과 온유와 절제의 열매를 맺게 하신다. 이 아홉 가지 영광의 열매는 우리 스스로는 만들어 낼 수 없는 것들이다. 이것은 하나님의 역사다.

우리는 세상의 상처에 부어지는 치유의 포도주가 되기 위해 먼저 짓이겨진 포도가 되어야 한다. 오스왈드 챔버스Oswald Chambers가 상기시킨 바와 같이, 하나님은 그분의 시간에 그분의 방식으로 짓이김을 행하실 것이다. "만일 우리를 짓이기시는 하나님의 손길을 거절한다면 하나님은 결코 우리를 포도주로 만드실 수 없습니다.…만일 포도주가 되려 한다면 짓이겨지는 방법밖에 없습니다.…포도알은 짓이겨 짜야만 포도주가 됩니다."•

하나님의 손길에 항복하는 것, 우리 자신을 맡기는 것, 그 손가락으로 짓이겨 짜이는 것은 바로 우리를 위해서다. 그래야만 메마르고 지친 이들을 치유하러 오시는 보혜사 하나님이 위로하시는 일에 우리를 사용하실 수 있다.

1974-1975년의 심한 겨울 가뭄 때, 물이 부족해서 우리 병원 건물의 위층까지 물을 올릴 수 없었던 적이 있다. 그 기간에 한 걸인이 6층의 한 병상에 누워 있었다. 화상을 입었으나 방치했다가 온몸이 욕창과 상처투성이가 된 상태로 실려 와 입원한 환자였다. 6층에는 그를 목욕시킬 물이 없었기 때문에, 목욕을 위해 매일 그를 지하층에 있는 물리 치료실로 내려보내야 했다. 구희성 양이 주임 물리 치료사였는데, 그녀의 처음 반응이 생각난다. 이 사람을 단순 목욕시키는 데 이렇게까지 하는 것은 시간 낭비이자 물리 치료 기술의 낭비라고 그녀는 말

• Oswald Chambers, *My Utmost for His Highest* (Marshall Morgan & Scott, Company, London, 1927), p. 193. 『주님은 나의 최고봉』(기독교문서선교회).

했다. 그러나 예수님이 제자들의 발을 씻기셨던 예와 주님께 값비싼 향유를 부었던 여인의 사랑을 상기하면서 물리 치료 팀은 이 불쌍한 걸인의 진물 나는 상처를 씻고 사랑으로 돌보았다. 그 당시 전 직원이 병상 곁에서 환자를 전도하는 일에 대해 함께 연구하고 있었는데, 구 선생은 환자의 욕창을 씻기는 긴 시간 동안 그에게 하나님의 사랑에 대해 이야기할 수 있었다. 그는 그리스도를 구주로 영접했다. 그리고 바로 그다음 주에 패혈증이 심해져 죽고 말았다. 구 선생은 예배 시간에 자신의 경험을 나누며 "무엇이 낭비입니까?"라고 질문을 던졌다.

하나님이 구덩이에 빠진 죄인을 구원하여 영원한 영광의 자리로 옮기지 않으셨는가? 그분이 그리스도의 몸과 같은 몸을 그에게 입히지 않으시겠는가? 그가 먼 훗날 온 인류와 함께 자비로우신 하나님 앞에 영원한 찬양을 부르지 않겠는가? 무엇이 낭비란 말인가?

그렇다면 하나님은 어떻게 이 가련한 영혼에게 다가오셨는가? 우리가 위로할 수 있으려면 먼저 전문직으로서의 특권을 옆에 내려놓고, 우리 자신을 낮추는 것이 필요하지 않았는가? 진물이 흐르는 상처에 손을 대고, 그의 고통을 나누고, 그의 얼굴을 아는 일이 요구되지 않았는가? 그를 보살피면서 붕대 속에 파묻힌 한 인간, 고통과 공포에 잠겨 자비의 메시지를 움켜쥐려는 한 인간을 발견하지 않았던가? 예수병원의 의료 제자 셋, 곧 부드러운 손길과 연민 어린 눈빛과 사랑스러운 말을 통해 보혜사 하나님이 그의 곁으로 다가오셨기 때문이다.

이 걸인과 같은 사람이 5억 배까지 늘어나야 한다. 아시아에 있는 수억의 오두막과 헛간에서 들려오는 흐느낌에 귀를 기울여야 한다. 소리 없는 눈물에 잠긴 이들을 향한 하나님의 비통에 찬 사랑을 깊이 생각해야 한다. 기독 병원은 이들에게 희망의 등대가 될 수 있다. 그러나 그것은 우리가 병원 문 너머, 인류의 허름하고 외진 피난처에까지 위로하러 나아갈 때 비로소 가능한 일이다.

부록

부록 글들은 설대위 선교사의 강연 가운데 몇 개를 선별하여 정리한 것이다. 글 마지막에 강연 시기를 표시했다.

부록 1. 그리스도인 의사의 열 가지 신조

그리스도인 의사는 하나가 아닌 두 가지의 숭고한 소명에 책임을 다하여야 하기 때문에 영예와 함께 무거운 짐을 지고 있다. 과학이자 동시에 치유의 예술이라고 할 수 있는 의술은 우리의 지력, 정력 그리고 시간을 엄격히 요구한다. 이를 위해서 우리는 긴장하고, 오랜 시간 일을 해야 하며, 휴식이 주는 기쁨도 거의 포기해야 한다. 또한 자신의 개인적 즐거움만이 아니라 사랑하는 가족과 함께하는 즐거움도 뒤로해야 한다. 그러나 그리스도인 의사에게는 이보다 더 숭고한 소명이 있다. 그것은 바로 예수 그리스도의 제자가 되는 것이다. 이 두 소명은 같은 등급에 있는 것이 아니며, 같은 수준에 둘 수 있는 것도 아니다. 또한 서로가 경쟁적으로 대항하는 소명도 아니다. 그리스도에 대한 소명은 절대적이며 가장 으뜸이 되는 것이기 때문이다. 다행히 예수님은 치유자이시며 그분 자신이 의사이시기 때문에 이 두 소명 간에 일치하지 않는 것은 없다. 이 두 소명은 하나가 될 때 더욱 숭고해져서, 하나님의 치유의 역사가 이루어졌으며 그분이 당신의 백성들 가운데서 그 일을 계속하도록 우리를 부르셨다는 바로 그 사실로서 신성함을 갖게 된다.

  내가 의사가 된 지 어느덧 38년의 세월이 흘렀다. 그 세월 동안 나는 하나님의 목적과 섭리 그리고 은사를 직접 경험하면서 이들과 조화를 이루는 철학을 세우고자 노력했다. 수년 동안 나는 여러 곳에서, 여러 동료들로부터 이와 같은 신조의 근거가 될 수 있는 사상, 원리, 책임에 관한 것들을 수집했고, 이를 그리스도인 의사의 열 가지 신조라 일컬어 보았다. 이제 이 그리스도인 의사의 열 가지 신조에 대해 말하고자 한다.

제1조 하나님의 도구로 쓰임받고자 한다면 무엇보다도 생명에 해를 끼치지 않도록 하라.

제2조 인간을 거룩하게 여기라. 그는 하나님의 형상대로 창조되었고 그의 보혈로 구속되었기 때문이다.

제3조 지금까지 여러분의 생애는 오늘을 위한 것이다.

제4조 오늘이 환자에게 가장 소중한 날이다.

제5조 진리는 모든 일의 표준이 되는 척도다.

제6조 모든 치유는 하나님으로부터 온다.

제7조 여러분은 찾고자 애쓰는 만큼 발견하게 될 것이다.

제8조 기도는 하나님의 영적 역동성에 참여하는 것이다.

제9조 위로는 형제자매의 고통에 동참하는 것이다.

제10조 모든 환자를 예수님처럼 대하라.

제1조. 하나님의 도구로 쓰임받고자 한다면 무엇보다도 생명에 해를 끼치지 않도록 하라. 히포크라테스의 선서에서도 우리는 이 같은 개념이 담긴 말을 찾아볼 수 있다. "나의 양심과 위엄으로 의술을 베풀겠노라. 나의 환자의 건강과 생명을 첫째로 생각하겠노라. 나의 환자가 알려준 내정의 비밀을 지키겠노라. 나는 인간의 생명을 그 수태된 때로부터 지상의 것으로 존중히 여기겠노라."

매년 미국에서는 150만 건 이상의 인공 유산이 행해지고 있으며, 이 가운데 의학적으로 불가피하게 받아들여지는 합법적인 인공 유산은 1퍼센트에 지나지 않는다. 더욱이 고질적이거나 불치의 질병을 앓는 노인들의 경우 안락사마저 허용되고 있는 도덕 불감증이 만연해 있다.

예언자 이사야는 이새의 뿌리에서 한 싹이 나서 만민의 깃발로 서서(사 11:10) 그리스도의 왕국이 도래함을 알려 줄 것이라고 예언하였다. 새로운 시대의 특성은 사람들이 서로 해치지 않는다는 것이다. 즉 "내 거룩한 산 모든 곳에서 해 됨도 없고 상함도 없을 것이니 이는 물이 바다를 덮음같이 여호와를 아는 지식이 세상에 충만할 것"이다(11:9). 의사들이 치유의 도구라면, 더욱이 그리스도의 의료인 제자들은 해를 끼치지 않도록 얼마나 더 노력해야 하겠는가?

나는 외과 의사다. 따라서 모든 수술 과정이 환자에게 고통이 된다는 것을 잘 알고 있다. 그러므로 외과적 치료에는 막중한 책임감이 따른다. 단순히 스쳐 가는 고통이 아니라 환자에게 무익한 고통인 항구적인 손상, 즉 환자의 일생을 영원히 망치는 후유증이 남지 않도록 주의해야 한다. "무엇보다도 생명에 해를 입히지 않게 해 주소서." 이것은 단순히 한 원칙이 아니라 모든 수술을 시행하기 전에 그리고 위험이 따르는 모든 의학적 결정을 내리기 전에 우리가 기도하는 바가 되어야 한다.

제2조. 인간을 거룩하게 여기라. 그는 하나님의 형상대로 창조되었고 그의 보혈로 구속되었기 때문이다. 알베르트 슈바이처의 "생명에 대한 경외"라는 말은 세상의 젊은 의사들을 고무시키기는 하였지만, 만일 하나님이 각 개인과 인류 전체를 관찰하고 계신다는 성경 진리가 이를 뒷받침해 주지 않는다면 이 같은 인식에는 아무런 근거가 없음을 깨닫는 것이 매우 중요하다.

네가 내 눈에 보배롭고 존귀하며 내가 너를 사랑하였은즉…. (사 43:4)

하나님은 인간을 훌륭한 유기체로 만드셨을 뿐만 아니라, 영화와 존귀를 머리 위에 씌우셨고 자연을 다스리게 하시고 우주를 총괄하시는 능력으로 말미암은 질서를 통하여 순간마다 인간을 보살피신다(시 8편). 인간의 호흡은 하나님의 신실하심에 달려 있다. 만일 하나님이 궤도를 선회하는 전자와 전기적 균형을 이루는 원자를 주관하시는 힘을 단 1초라도 거두어 가신다면, 이 우주는 붕괴되어 당장 사라져 버리고 말 것이다. 그러나 하나님은 자기 자신을 지극히 낮추시고 인간을 들어 올려 자기의 조력자로 삼으셨다. 자기의 창조물을 지키는 청지기로 삼으셨을 뿐 아니라 그리스도의 죽음이라는 엄청난 대가를 치르고 대속하심으로 죄와 사망의 수렁에서 인간을 구속하여 주셨다. 모든 환자는 그리스도께서 대속하여 돌아가신 그 사랑의 대상이다. 그러나 우리에게 진찰받기 위해 몰려드는 환자의 긴 행렬을 바라보면 당황하여 이 사실을 잊곤 한다.

인간 생명의 신성함을 지키는 일은 공포 정치, 대량 학살, 인공 유산, 안락사 등을 저지르는 무리들에게 대항하여 싸우는 것일 뿐 아니라 그보다 더 음흉한 적, 즉 우리 마음속의 드높은 이상을 잠식해 들어오는 무관심에 대항하여 싸우는 것이다.

제3조. 지금까지 여러분의 생애는 오늘을 위한 것이다. 우리 병원은 수련 병원이다. 매년 2월 말이면 전공의로 들어오는 새로운 인턴들을 위한 오리엔테이션이 열린다. 이들에게 나는 그리스도인 의사의 신조를 즐겨 이야기하는데 이때 특별히 이 말을 전한다. 이 젊은 의사들은 푸르고 참신하다. 그들의 자격증은 잉크조차 마르지 않았다. 이제 막 6년의 의과 대학을 마치고 의사 자격 시험을 치렀다. 그러나 인턴 과정의 새로운 모험을 시작하면서 그들은 교육적으로 매우 커다란 변화를 맞이할 것이다. 이제 그들은 책임을 짊어지게 된다. 그들은 책임을 질 수 있는 것이다. 수련의 제도는 18세기 말 존스 홉킨스 병원Johns Hopkins Hospital에 있던 오슬러Sir William Osler와 할스테드William Stewart Halsted와 켈리Howard Atwood Kelly에 의해 처음으로 실시되었다. 그 기본 개념은 단계적으로 향상되는 수술을 할 때마다 자신의 능력을 키워 나가고, 응급 환자를 맞을 때마다 외과 의사로서의 판단력을 높여 나가야 한다는 것이다. 모든 임상 분야에서 매일매일 그리고 자신의 전 생

애를 통해 이를 이루어 갈수록 의사는 도전이나 시험 그리고 자신의 소명에 대한 책임을 해결해 나갈 실력을 쌓아 간다.

그리스도인 의사에게 이 과정은 더욱 중요한 의미가 있다. 왜냐하면 이들 그리스도인 의사들은 목적을 가지신 하나님, 모든 인간에게 각각 재능을 부여해 주시고 시련, 위기, 시험을 계획하셔서 그를 성숙시킴으로 하나님의 의지를 성취하시기 위해 필요한 도구로 만드시려는 목적을 가지신 하나님의 통치 아래 있다고 확신하기 때문이다. 빌립보 교회에 보낸 편지에서 바울은 다음과 같이 자신의 신념을 나타내고 있다.

> 너희 안에서 착한 일을 시작하신 이가 그리스도 예수의 날까지 이루실 줄을 우리는 확신하노라. (빌 1:6)

이는 실로 주목해야 할 말씀이다. 하나님은 우리 생애에 대한 계획을 갖고 계신다. 우리가 경험하는 모든 고뇌와 상처에는 하나님의 의도가 있다. 그러므로 우리는 환자에 대해 책임감을 갖고, 어떤 경험으로부터 어떤 교훈을 얻었는가 생각해 보아야 한다. 실수를 다시 점검하고, 주어진 과제에 충실하면서 오늘보다 내일 더 나은 의사가 되기 위해 매일을 새롭게 맞이할 수 있어야 하는 것이다.

제4조. 오늘이 환자에게 가장 소중한 날이다. 오늘 이 환자의 운명은 나에게 달려 있다. 여기서 다시 수술을 놓고 생각해 보자. 어떤 환자를 수술하는 것은 그 환자에게 마취로 인한 중압감, 출혈 그리고 통

증이 따르는 과정을 겪게 하는 것이다. 이 과정은 질병에 대해 해부학적·생리학적·병리학적 측면에서 감추어진 사항을 완전히 알아내어 진단하고, 몇 시간의 수술로 환자의 육체적 삶의 방향을 전환시키기에 꼭 필요한 조치를 취할 수 있는 유일한 기회다. 실제로 이 과정은 진리의 순간이다. 암 환자의 치료에서 첫 수술은 치유 확률을 높일 수 있는 가장 귀중한 기회다. 만일 내가 어떤 환자의 첫 수술을 담당하여 암 조직의 확산을 뿌리 뽑지 못한다면 누군가 다른 사람이 어느 날 또 다른 절망적인 시도로 재수술을 해야 할 것이며, 그때의 수술은 처음보다 치유의 가능성이 훨씬 줄어든 수술이 될 것이다. 언젠가 내가 레지던트로 일하고 있을 때 의사 레뮤얼 보든Dr. Lemuel Bowden은 이렇게 말했다. "만일 내가 암에 걸린다면, 수술하는 의사에게 꼭 하고 싶은 말은 바로 이것입니다. '오늘 내 수술 약속 외에는 어떤 약속도 하지 마십시오. 골프 약속도, 저녁 약속도, 다른 수술도 하지 마십시오.'"

오늘이 환자에게는 황금과 같은 날이다. 그는 50킬로미터나 되는 먼 길을 달려왔을 수도 있고, 자신이 평생 번 돈을 다 모아서 '입원하면 혹시 회복될지도 모른다'는 희망을 가지고 병원을 찾아왔을 수도 있다. 우리는 바쁘게 회진을 하게 된다. 우리가 각 환자의 침대 곁에 머무는 짧은 순간 동안 얼마나 많은 중요한 결정들을 하게 되는가? 그 한 순간이 환자에게는 삶과 죽음을 결정하는 중요한 순간이 되는 것이다.

복음과 관련해서도 어떤 이의 운명이 달려 있는 진리의 순간이 있다. 우리는 모두 환자에게 그리스도를 나타낼 수 있는 사랑과 위안과 구원의 말을 해야 한다.

보라, 지금은 은혜 받을 만한 때요, 보라, 지금은 구원의 날이로다.

(고후 6:2)

제5조. 진리는 모든 일의 표준이 되는 척도다. 이는 과학자의 목표이며, 의사의 재판관이며, 환자의 권리다. 그리스 황금기 이후 서양 철학자들의 우선적인 관심사는 진리의 추구였다. 지식의 통일된 영역에 대한 고대 철학의 탐구가 창조주 하나님을 믿는 유대-기독교 신앙과 만남으로써 과학의 발달로 이어졌다. 과학적 연구 조사가 이와 같은 주위 환경에 의해 발달되었다는 것은 그리 놀라운 일이 아니다. 왜냐하면 과학의 발달에 필수적인 전제가 제자리를 찾은 것이기 때문이다. 절대적인 진리는 반드시 존재한다는 이념이 이들의 첫 번째 전제였다(창조주는 불변의 성품을 지니고 계시며 진리의 근원자가 되시기 때문이다). 두 번째 전제는 자연에 질서가 있고 그 법칙은 밝혀질 수 있다는 것이다. 세 번째 전제는 인간의 이성과 하나님의 지성에 일관성이 있다는 개념으로 이것은 인간이 하나님의 형상대로 창조되었다는 교리에서 나온 것이다. 과학적인 추구에는 절대적 진리의 존재에 대한 믿음이 필요하다. 과학자가 이 진리의 한 부분을 파악한다 해도 궁극적 목표인 완전한 진리의 발견이 남는 것이다. 그러나 이 믿음은 과학자이면서 동시에 예술가이기도 한 의사에게 자기의 지식을 뒷받침해 주는 진리의 판단 아래 들어서게 해 주는 것이다. 우리에게 주어진 책임과 현실을 받아들이지 않고서는 좋은 의사가 될 수 없다. 자신의 실수라는 불쾌한 사실에서 벗어나고 싶고, 자신의 실패에 눈감아 버리고 싶고, 중대한 판단에 대

해 귀를 막아 버리고 싶은 유혹에 빠지기는 얼마나 쉬운가? 그러나 그같은 일은 우리의 소명을 부정직하고 무능력하며 부당하게 만들어 버린다.

진리에 대한 믿음은 과학 실험실이나 '사망 환자 학술 모임'(Death Conference. 의사들이 죽은 환자의 원인이나 치료 경과 등을 토론하는 학술 모임 ― 옮긴이)에 국한되지 않는다. 이것은 우리 전 생애를 통하여 이어져야 하며, 환자 및 그 가족과 나누는 대화의 영역에도 이르러야 한다. 우리는 환자에게 거짓말을 해서는 안 된다. 그러한 일은 정직하지 못한 것이기 때문이며 또한 악용되어 환자의 품위를 떨어뜨릴 수 있기 때문이다. 존경과 신뢰는 속임과 불신 가운데 이루어질 수 없다. 흔히 암 환자의 보호자들은 환자에게 거짓말을 해 줄 것을 요구한다. 그러나 곧 아니면 얼마 후에 환자가 자신이 속아 왔다는 것을 알게 되면 그 후부터는 치료에 협조하고자 하는 의지를 상실해 버리고 만다. 우리가 환자를 친구로서 인격적으로 존중하면서 동시에 그를 속일 수는 없다.

바울은 고린도에 보낸 두 번째 편지에서 이를 잘 말해 주고 있다.

> 우리는 진리를 거슬러 아무것도 할 수 없고 오직 진리를 위할 뿐이니.
> (고후 13:8)

제6조. 모든 치유는 하나님으로부터 온다. 우리는 하나님의 치유 사역에 동참할 뿐이다. 의사의 소명은 환자의 고통을 덜어 주는 데 있다. 그리스도인 의사의 소명도 환자의 절망을 줄여 주는 데 있다. 그러

나 궁극적인 모든 치유는 하나님으로부터 오는 것이다. 나폴레옹 군대의 외과 의사였던 파레Ambroise Pare는 의사로서 자신의 노력에 대해 이렇게 말한 적이 있다. "나는 그를 치료care 했을 뿐, 하나님이 그를 치유cure 하셨다."

한 외과 의사가 병든 위를 제거하고 소화 기관이 정상화되도록 남은 조직 부분을 소장에 봉합하는 수술을 할 수 있다. 이때 의사가 하는 일은 극적인 것이지만 주로 기계적인 것이다. 접합시킨 조직이 원래의 조직과 한 몸이 되어 자라나야 한다. 그렇지 않으면 그 환자는 복막염을 일으켜 죽고 만다. 조직의 치유(재생)는 조용히 그리고 신비롭게 이루어진다. 이것이 바로 하나님이 맡으시는 치유의 과정이다. 우리는 위장과 소장 조직을 맞대어 놓을 뿐이고 하나님이 그 부분을 치유하시는 것이다.

하나님의 치유는 육체뿐만 아니라 정신과 영혼 모두를 회복시킨다. 왜냐하면 인간은 육체와 정신과 영혼이 분리될 수 없는 존재이기 때문이다. 또한 하나님의 치유 능력은 사람과 사람 사이의 관계로 이어지며 가족과 지역사회로까지 확장된다. 신약성경에서 치유라는 말을 일컬을 때 가장 많이 쓰이는 헬라어는 '소조'sozo로 이는 '온전케 하다'라는 뜻을 가지고 있다. 인도 벨로르 기독 의과 대학Christian Medical College Vellore, CMC Vellore의 오멘A. C. Oomen 목사가 기술한 바와 같이 "치유의 중심은 환자나 의사나 지역사회가 아니라 치유자이신 그리스도다. 이는 궁극적인 건강이 예수님과의 만남으로부터 온다는 뜻이다." 우리가 환자를 치료할 수는 있으나 예수님만이 그를 온전케 하실 수 있다.

제7조. 여러분은 찾고자 애쓰는 만큼 발견하게 될 것이다. 지성은 여러분이 가진 가장 좋은 도구다. 우리 병원에서는 임상가, 즉 환자 치료에 직접 관여하는 의사들을 훈련시키는 데 노력을 다하고 있다. 임상가가 된다는 것은 어떤 의미로는 진단을 잘하는 의사가 되고 모든 증상에 대해 병리학적인 측면에서 찾을 수 있는 모든 가능성을 연구하는 것을 의미한다. 사고하지 않는 의사는 아무것도 찾아내지 못할 것이다. 우리의 지성은 가장 훌륭한 도구다. 그러나 의사는 임상가이기만 해서는 안 된다. 그들은 또한 관찰하는 훈련을 받으며, 무엇보다도 탐구심을 지니고 어떤 특이한 사실을 찾아내어 무엇what만이 아니라 왜why라는 의문을 가지고 우주를 분별하려고 노력하고 건강에 대한 해부학적 구조를 세밀히 조사하고 질병의 병인론을 발견해 내는 과학자가 되기도 해야 한다.

무엇인가를 발견하기 위해서는 반드시 그에 따르는 신앙적 요소가 있어야 한다. "구하라. 그리하면 너희에게 주실 것이요, 찾으라. 그리하면 찾아낼 것이요, 두드리라. 그리하면 너희에게 열릴 것이니"(마 7:7)라고 예수님이 말씀하셨다. 나는 이 말씀이 기도뿐 아니라 과학적 탐구에도 적용된다고 생각한다. 왜냐하면 하나님은 찾아내도록 인간들 앞에 우주를 주셨으며 탐구하도록 지적 도구를 주셨기 때문이다.

제8조. 기도는 하나님의 영적 역동성에 참여하는 것이다. 존스 홉킨스 의과 대학 외과 교수였던 워필드 피러Warfield Firor는 성자 하나님과 성령 하나님이 중보의 기도에 참여하신다는 것을 우리에게 상기시

켜 준다(롬 8:27, 34). 이 기도는 구하고 받는 것 이상의 영적 사역으로서, 소명, 구속, 자기 백성을 보호하시고 그 근거를 지탱하시는 하나님의 능동적인 참여다. 기도는 이 세상에서 우리를 하나님의 영적 사역과 연결시켜 주며, 영적 우주에서 사탄과 대항하여 싸울 때 우리를 하나님의 영적 사역과 연결시켜 준다. 기도를 통해 우리는 우리의 실체에 스며 퍼지는 막강하고 힘찬 영적 실체에 동참하게 된다. 즉 우리 가운데 역사하시는 부활하신 그리스도께 참여하는 것이다.

이분은 우리의 상담자시다. 우리의 신비한 힘의 근원이시다. 이분은 치유자로 "자기를 힘입어 하나님께 나아가는 자들을 온전히 구원하실 수 있으니 이는 그가 항상 살아 계셔서 그들을 위하여 간구하심이라"(히 7:25).

제9조. 위로는 형제자매의 고통에 동참하는 것이다. 바울은 그가 매우 염려했던 교회인 고린도 교회에 보낸 두 번째 편지에서 "우리 주 예수 그리스도의 아버지이신 하나님을 찬양합시다. 그는 자비로우신 아버지시요, 온갖 위로를 주시는 하나님이시요, 온갖 환난 가운데에서 우리를 위로하여 주시는 분이십니다. 따라서 우리가 하나님께 받는 그 위로로, 우리도 온갖 환난을 당하는 사람들을 위로할 수 있습니다"(고후 1:3-4, 새번역)라고 말하고 있다. 그리고 바울은 더 나아가 그것은 "그리스도의 고난이 우리에게 넘치는 것과 같이, 그리스도로 말미암아 우리의 위로도 또한 넘칩니다"(1:5, 새번역)라고 말한다. 여기에서 '위로'라고 번역된 단어는 헬라어 '파라클레시스'다. '곁에 부름받는다'라는 이 말

은 고통 가운데 있는 사람의 곁에 부름받으며, 다른 사람의 고난 일부를 짊어지고 동참하도록 부름받는다는 것을 의미한다. 이웃이 절망 가운데 있을 때 우리는 그를 일으켜 세워 준다. 동료가 짐을 짊어지고 비틀거릴 때 우리는 달려가서 짐을 들어 도와준다. 고통 가운데 있는 환자의 병상에 다가가 손을 잡아 주고, 그의 고민을 들어 주며, 그의 상처를 치료해 준다. 바울이 위로와 고난의 연관성에 대하여 분명히 밝힌 점에 유의해야 한다. 즉 그리스도의 고난이 우리에게 넘친 것같이 우리의 위로도 그리스도로 말미암아 넘친다(즉 우리가 그리스도의 고난을 함께할 때 그만큼 우리는 다른 사람을 위로할 수 있다). 이는 위로와 환난이 같은 잔에서 흘러나온다고 말하는 것과 같다. 고통을 당해 보지 못한 사람은 누구도 위로할 수 없다.

아무런 건강상의 문제도 없고 비탄에 빠져 본 적도 없어서 어떻게 위로하는지조차 모르는 의사에게 누가 찾아가기를 원하겠는가?

위로는 고통스러운 것이다. 그러나 우리는 형제와 자매의 고통에 참여해야 한다. 연민을 느껴서 자비를 베푼다는 것은, 그를 치유하기 위해서 대가를 치르는 것을 의미한다.

제10조. 모든 환자를 예수님처럼 대하라. 어떻게 우리가 예수님에 대한 우리의 사랑을 보이기 위해 그분의 머리에 향유를 부을 수 있는가? 예수님은 이제 육신으로는 우리와 함께 계시지 않는다. 그러나 그 대신 다른 이를 보내 주신다. "너희가 여기 내 형제 중에 지극히 작은 자 하나에게 한 것이 곧 내게 한 것이니라"(마 25:40). 그리스도는 가난한

자, 힘 없는 자, 버림받은 자, 병든 자, 억눌린 자들과 같이 되신다. 그들이 지니고 있는 암, 상처, 외상, 고통, 출혈, 절망을 그리스도께서 대신 입고 서 계신다. "이들 상처 입은 자들에게 하는 것이 곧 내게 하는 것이니라." 우리는 환자들의 얼굴에서 예수님을 만나고 주께 하듯 그들을 대하면서 그리스도께서 입으신 상처를 기억해야 한다.

아무런 해도 끼치지 않으며, 삶을 소중히 하고, 하나님의 목적 안에서 성장하고, 각 환자의 운명의 순간을 포착하고, 진리를 보배롭게 하면서, 온전함은 오직 하나님께로부터 오며 그러나 하나님은 우리에게 건강과 질병의 오묘함을 찾아낼 수 있는 마음을 주신다는 것을 명심하고, 기도를 통하여 궁극적인 영적 투쟁에 참여하고, 위로하기 위하여 형제자매의 고통에 동참하여, 그의 얼굴에서 그리스도의 얼굴을 보는 것!

이것들이 내 생애의 십계명이다. 내가 다시 한 생애를 살 수 있다면 이 중에서 몇 개는 이룰 수 있을 것이다. 그러나 나는 사람들에게 주어진 가장 고귀한 직업에 부름받아 위대한 의사이신 예수님의 발자취를 따라 걸어갈 여러분에게 이 모든 신조를 넘겨주고자 한다.

(1986년 1월)

부록 2. 상처 입은 세상의 상처 입은 치유자들

우리는 그리스도의 이름으로 치유의 예술을 펼치는 사람들로 일컬어진다. 그렇지만 지금 우리 마음에는 임상적인 문제, 행정적인 문제, 조직적인 문제, 재정적인 문제 혹은 장비 문제 등이 가득할지도 모른다. 그러나 궁극적으로 우리는, 예수 그리스도의 복음을 나타냄으로써 병든 이들을 치료하는 데 생애를 바치기로 결심한 사람들이다.

나는 사람들이 입는 상처에 대하여 생각해 보고자 한다. 우리는 우리가 일하는 병원의 병상에서, 응급실에서, 수술대 위에서 또는 외래 환자 대기실에서 이런 사람들을 보아 왔다. 또한 우리 가운데 일부는 피난민 수용소나 대도시의 빈민가, 전쟁터, 두메산골이나 낙도에 살고 있는 상처 입은 사람들을 보아 왔다.

이 땅의 가난하고 고통받는 수많은 사람들의 빈곤과 고통과 배고픔을 경험한 사람이라면 누구나 절망감에 빠지고 말 것이다. 특히 예수 그리스도의 의료인 제자들은 인간의 고통에 참여하는 증거로서 동료 인간들에게 가까이 다가가도록 소명을 받았음을 느낀다. 그러나 한편으로 이 지구상에 있는 질병, 부패, 사망의 규모를 생각해 보고, 또 다른 한편으로 의료비와 교회에서 쓸 수 있는 재원이 한정되어 있다는 사실에 당면할 때, 이 같은 현실에 우리는 고개를 내저으며 두 손을 들게 된다. 그저 병원을 운영하는 것만으로도 족할지 모른다. 그러나 상처받은 세상으로부터 들려오는 엄청난 고뇌의 울부짖음에 비하면 이는 얼마나 보잘것없는가? 우리가 더 할 수 있는 것이 무엇일까? 이는 과학적인 방법이나 박애주의적 애타 정신이 아니라, 주님의 종들이 그리스도와 세상의 상처에 동참하려 할 때 그들과 함께하시는 성령의 힘으로 어두운 터널 가운데서 한 줄기 소망을 찾으려는 노력이다.

1. 어떻게 이 세상에 치유를 가져올 수 있는가?

알마아타 선언*은 건강Health을 '단순히 질병이나 연약함이 없는 것이 아니라 신체적·정신적·사회적 복지가 완전한 상태'라고 정의하였다. 그러나 그리스도인에게 이러한 정의는 만족스럽지 못하다. 왜냐하면 인류 복지에 필수적 중심 요소인 예수 그리스도와의 관계가 빠져 있기 때문이다. 인도의 벨로르 기독 의과 대학의 오멘 목사는 신약성경에서 치유healing라는 말은 "인간에게 새로운 질서를 가져다주기 위해 예수

• 1978년 9월 구소련 카자흐스탄 알마아타(Alma Ata)에서 열린 일차보건의료에 관한 국제 회의에서 채택된 선언문이다. "모든 사람에게 건강을"(Health for All)이라는 표제 아래, 2000년까지 세계인의 건강 보호와 증진, 건강 불평등의 해소를 위해 다양한 층위에서 일차보건의료 전략이 적용되어야 함을 주장한다(위키백과) - 편집자.

님을 통하여 역사하시는 하나님의 능력에 대한 표시이며 상징이다.… 다시 말해 치유의 중심은 환자나 지역사회가 아니라 치유자이신 그리스도다. 따라서…건강은 궁극적으로 예수님과의 교제를 통하여 온다"라고 말한다. 다르게 표현하면, 건강(풍성한 삶)은 그리스도께 의탁한 관계를 통하여 온다는 것이다.

우리에게 오는 환자들의 육신의 질병을 퇴치하고자 애쓸 때, 이 사실을 잊어버리기가 얼마나 쉬운가! 병리학적 문제와 씨름하는 데는 많은 시간을 보내면서도 생명의 근원에 접하기 위하여 보내는 시간은 얼마나 적은가! 우리의 문제는 이와 같이 '생명을 주는 관계'life-giving relationship가 근본적으로 부족한 데 있다. 풍성한 삶은 암, 당뇨, 결핵, 말라리아, 패혈증, 출혈, 부상 등이 없는 상태 그 이상이며, 사실 이런 고통이 있는 가운데서도 풍성한 삶은 존재할 수 있다. "나는 [너희로] 생명을…얻게 하려고 왔다"라고 예수님은 말씀하셨다(요 10:10, 새번역). 치유에 참여하는 그리스도인은 '생명을 주는 자'life-giver다. 즉 병들고 희망 없고 절망에 빠진 사람들이 예수님과 교제할 수 있도록 접촉시켜 주는 이들이다.

2. 하나님의 백성

주님께서 왜 고통당하는 사람들의 침상 곁에, 또 희망을 잃은 사람들의 천막이나 판잣집에 역시 상처를 입은 사람을 보내시는지 기이하게 보일 수도 있다. 그것은 단순히, 약할 때 완전하게 하시는 이 은혜로 구원받은 죄인들이 하나님의 백성이기 때문이다. 여기에는 더 큰 의미가 있다. 우리가 예수님께 속하고 그분이 우리 가운데 살아 계신다는 사실로부터 얻을 수 있는 신비로움이다. 사역 초기에 나사렛을 방문하셨을 때 예수님은 고향 사람들에게 "너희가 반드시 '의사야, 너 자신을 고치라' 하는 속담을 인용하여 내게 말하…리라"라고 하셨다(눅 4:23). 또한 예수님이 십자가에 못 박히셨을 때 예수님을 조롱하는 사람들은 "그가 남은 구원하였으되 자기는 구원할 수 없도다!" 하고 말하였다(마 27:42). 그들은 그들 자신이 생각하는 것보다 현명했다. 다른 사람을 구하는 사람이 자기 자신은 구할 수 없다는 것을 간파했으니 말이다.

예수님은 제자들을 부르시고 그들에게 모든 종류의 질병과 아픔을 치유할 수 있는 권능을 주셨다. 그러나 주님은 그 제자들을 상처 입은 치유자로 세상에 내보내셨으며 오늘날 우리 역시 상처 입은 치유자로 봉사하도록 보내신다. 베드로는 예수님을 부인했다는 마음의 상처를 지니고 있었다. 도마는 주님을 의심했던 기억이 있었다. 자신을 죄인 중의 괴수라 일컬었던 바울은 교회를 핍박했다는 가책에 사로잡혀 있었다. 나는 우리 각자가 자기 자신 혹은 동료들을 살펴볼 때 모두가 육체적으로든 정신적으로든 영적으로든 영구적인 고통이나 아픔이나 상처를 지니고 있다는 사실을 볼 수 있으리라 생각한다. 아마도 가장 큰 고통은 우리를 대속하여 십자가에서 돌아가신 분에게 지고 있는 감사의 고통일 것이다. 이것이 바로 하나님의 평소 계획이라고 나는 생각한다. 하나님의 사랑으로 인침 받은 거룩한 고통으로 자신의 삶이 뒤흔들리지 않고서는 어느 누구도 이 위대한 사명을 이룰 수 없다.

오멘 목사는 "풍성한 삶은, 질병이나 죄악 같은 것으로 가득 찬 삶

가운데 있는 모든 것으로부터 자유롭게 되는 것이며 다른 한편으로는 그들이 무거운 짐 진 자들이 되게 하여 하나님 나라를 위해 간증하고 사역하게 하는 것이다. 우리는 종이 되도록 자유롭게 되었다"라고 말한다. 이와 같은 뜻을 나타내기 위해 나는 위로나 위안, 누군가의 고통을 함께 나누기 위해 곁에 부름받는다는 뜻의 헬라어 '파라클레시스'를 사용한다. 우리는 다른 사람들의 고통을 덜어 주고 그들의 짐을 같이 지고 상처를 나누어 갖고 그리하여 그들을 치유하기 위한 도구가 되도록 자유로워진 것이다. 이것이 바로 바울이 다음과 같이 말한 의미다.

> 우리 주 예수 그리스도의 아버지이신 하나님을 찬양합시다. 그는 자비로우신 아버지시요, 온갖 위로를 주시는 하나님이시요, 온갖 환난 가운데에서 우리를 위로하여 주시는 분이십니다. 따라서 우리가 하나님께 받는 그 위로로, 우리도 온갖 환난을 당하는 사람들을 위로할 수 있습니다. (고후 1:3-4, 새번역)

하나님은 약하고 상처 입은 자들을 이 세상에 보내신다. 그들은 풍성한 삶을 소유하고 있으나 무거운 짐과 고통 그리고 하나님의 사랑으로 찍힌 인을 그들의 몸 가운데 짊어진 이들이다. '상처 입은 치유자'라는 말은 자신의 마음속에 있는 그 시대의 괴로움을 깨닫고 이를 봉사의 출발점으로 삼는 사람들을 뜻하기 위해 헨리 나우웬Henri Nouwen이 사용한 말이다. 나는 상처 입은 치유자가 짊어져야 할 세 종류의 상처를 제시하고자 한다. 이는 죄의 상흔, 인간성의 손상 그리고 사랑의 고녀다.

죄의 상흔은 우리가 과거에 저지른 잘못과 불복종으로 인한 상처다. 우리는 죄악으로 상처 입은 마음을 가지고 예수님께 왔으며 예수님은 십자가를 통하여 우리를 용서해 주셨다. 그가 채찍에 맞음으로 우리는 나음을 입었고, 완전하게 되었다. 그러나 그 상처, 즉 배반의 기억, 불신의 수치, 혐오스럽고 어리석은 행위의 지워지지 않는 흔적은 아직까지 남아 있다. 이것들이 바로, 동일한 죄로 몸부림치고 있는 다른 사람들을 돕기 위하여 우리가 기꺼이 내보여야 하는 상처다.

두 번째 유형의 상처는 **인간성의 손상**이다. 이것은 우리의 인간성에 내재되어 있는 고통스러운 경험인 외로움, 거부감, 두려움, 근심 등이다. 헨리 나우웬은 특별히 외로움에 대해 우리가 귀하게 간직해야 할 소중한 선물이 될 수 있다고 강조한다. 왜냐하면 그것은 자신의 실존적 한계를 넘어설 수 있도록 해 주고 이를 나눔으로써 하나님께로 나아가는 공동의 소망을 발견하도록 해 주기 때문이다.

치유자가 짊어져야 하는 세 번째 유형의 상처는 **사랑의 고뇌**다. 이는 우리가 조금 전 '파라클레시스'라 부른 값진 위안으로, 우러나오는 사랑으로 다른 사람의 고통을 나눠 지는 것이다. 주님의 제자는 그리스도의 십자가에 동참해야 한다. "우리가 축복하는바 축복의 잔은 그리스도의 피에 참여함이…아니냐?"(고전 10:16) 위로와 고통은 같은 잔에 분리할 수 없이 섞여 있다. 사랑으로 누군가를 위로한다는 말은 그의 고통을 일부 떠맡는 것을 의미한다.

'상처 입은 치유자'라는 말은 그러므로 역설적이다. 우리는 치유되었으나 상처를 안고 있다. 우리 속에는 항상 그리스도의 치유의 현존을 불러내는 상처가 남아 있다. 우리는 치유되었지만 다른 사람의 상처를 나누기 위해 새로운 상처를 받아들인다.

3. 하나님 나라를 위한 가능성

이 세상의 불행한 사람들과 이들을 치유하는 우리의 나약함을 생각할 때 느끼는 놀라움과 안타까움에 대해서는 올바른 견해를 가져야 한다. 우리는 치유자가 아니라 치유의 도구일 뿐이며, 우리가 능력을 가진 것은 아니다. 우리는 단순히 우리 안에 능력을 덧입었을 뿐이다. 오늘 이 시간 치유자이신 그리스도는, 내일은 죽음을 초월하는 승리자가 되신다. 더 나아가 우리는 하나님의 백성으로서 선택해야 할 것들을 알고 있다. 치유의 사역을 멈춘다면 그리스도의 복음을 말할 수 없다. 우리가 어떤 방법으로든 세상의 상처를 떠맡지 않는다면 고통스러운 삶을 살고 있는 모든 사람의 눈에 복음은 한낱 이론으로 비칠 것이다.

오늘날 우리에게는 치유 사역의 문이 활짝 열려 있다. 오늘날 한국의 기독 의료 사업 분야에서 실질적으로 적용될 수 있는 몇 가지를 이야기해 보자.

우리의 임상 활동 가운데 기도를 치유의 과정으로 삼을 수 있다. 지난주 우리 병원에는 칼에 찔려 기관지 손상을 입은 한 환자가 찾아왔다. 칼끝이 경부무명동맥 분지 바로 위 경동맥에 파열을 입혔다. 우리 병원 흉부외과 의사는 이때 민방위 훈련 중이라서 내가 수술을 맡게 되었는데 흉골을 절개하고 흉곽에서 경부무명동맥을 찾아 파열된 동맥을 복원시켰다. 수술을 하는 동안 나는 많은 기도를 드렸고 하나님은 그 일을 할 수 있도록 정신적 안정과 수술 중에 필요한 판단력 등 충만한 은사를 허락해 주셨다.

외과 의사 생활을 하면서 나는 종종 눈을 뜬 채 기도를 드리게 된다. 모든 그리스도인 의사는 일을 할 때, 회진 중에, 진찰실에서, 수술실에서 기도해야만 한다. 기도는 하나님께 우리가 구하는 것을 알리는 것만이 아니다. 기도는 그 이상으로서 하나님의 영적 영역에 참여하는 것이다.

형제자매와 이웃의 고통에 대한 지적 관심을 통하여 우리는 그리스도의 사랑을 증거할 수 있다. 사랑이 꼭 감정적인 것은 아니다. 사랑은 다른 사람의 행복을 위해 지적으로 헌신하는 진지한 사업일 수도 있다. 의사가, 치료를 받는 각 사람을 알고 돕기 위해 사려 깊게 추구하는 것은 사랑을 실천하는 것이다. 여기에는 많은 고뇌와 밤샘, 근심 어린 기도와 오랜 시간을 요구하는 연구가 따르게 된다. 예수님의 치유 사역을 살펴보면서 우리는 예수님이 종종 어려움 가운데 있는 사람을 만나기 위해 가던 길에서 벗어나 다른 길로 가셨던 것을 알 수 있다. 눈 먼 거지를 위해 무리를 떠나셨고 회당장 야이로의 딸이나 거라사의 광인에게 가기 위하여 먼 길을 걸으셨으며 설교와 가르침의 바쁜 일정을 미루면서까지 한 불구자나 손 마른 사람, 나병 환자를 치료하셨다. 어떤 사람의 행복을 위해 지적 관심을 표현하는 것 역시 사랑이다.

인간 생명의 신성함을 우리 병원의 우선순위 중 가장 중요한 자리에 두어야 한다. 우리는 인간의 생명을 구하려는 노력을 쉽게 포기할 수 없다. 몸무게가 1.2킬로그램밖에 안 되는 조산아를 집중 치료하는 일이건, 한밤중에 수술을 위해 불려 나오건, 암 주위에 1센티미터의 여유를 두기 위해 애쓰는 일이건, 우리는 생명을 구하려는 노력을 계속해야 한다. 생명의 신성함은 추상적인 신학 교리가 아니다. 이것은 우리 삶에서 가장 우선시해야 할 원칙이며, 바로 우리의 하루하루를 지배해야 하는 가치다. 또한 이것은 인공 유산, 존엄성을 지닌 인간으로서 생명을 유지하는 문제, 그리고 치료비를 감당할 수 없는 사람들에 대해 우리가 나누어야 할 책임이라는 견지에서 병원 정책에 반영되어야 한다.

우리는 기본적인 건강관리를 제공함으로써 보건 진료의 혜택을 받지 못하는 사람들을 도울 수 있다. 지역사회 보건 사업은 비용 대비 효과 면에서는 비싼 것이 아니지만 아무런 실질적 수입이 없기 때문에 비싼 것이다. 이 같은 사업에 관여하는 일은 우리를 자주 좌절시켜 안타까움만 안겨 주고 보답도 없다. 그럼에도 불구하고 이 사업에 관여할 수밖에 없는 이유는 희망을 잃은 사람들에게 희망을 주고 혜택을 받지 못하는 사람들에게 정의를 찾아 주는 일을 외면할 수 없기 때문이다. 또한 스스로 돌보도록 지역사회를 동원하고, 예방 의학 및 보건 교육을 시행함으로써 얼마나 많은 치명적 질병이 예방되었는지는 오직 하나님만이 아실 것이다. 병원을 찾아온 사람들을 치료하는 것과 마찬가지로 이 사업 또한 우리 사명과 증거의 일부가 되어야 한다.

우리는 질병에 대항하여 함께 손잡고 싸워 온 환자들과 복음을 나눌 수 있다. 그리스도인 의사들은 자기 환자들의 영적 필요를 해결해 줄 권리가 있어야 한다. 우리가 그리스도께 순종하며 기도할 때, 그리스도에 대한 순종으로 지적 관심을 보일 때, 인간 생명의 가치를 높일 때, 고통받는 자에게 다가갈 때, 생명을 구하고 고통을 덜어 주기 위해 길고도 어려운 투쟁을 할 때, 그런 때에야 우리는 서슴없이 환자에게 복음을 전할 수 있다. 그 방식은 많은 환자가 기다리고 있기 때문에 간단히 말을 건네는 것일 수도 있고, 성경책을 전해 주는 것과 같이 간접적인 것일 수도 있다. 또는 위대한 치유자이신 예수님에 대해 한두 마디 이야기하는 것일 수도 있다. 그러나 기회가 있을 때마다, 환자가 허락할 때마다 복음을 전해야 한다. 복음을 전하는 일을 부끄럽게 생각하지 말아야 한다.

우리는 의료선교에 참여할 수 있다. 우리는 몇 년간 혹은 일생 동안 공식적인 선교사로 임명을 받을 수 있다. 우리가 가진 기술과 간증을 나누기 위해 어느 기독 병원을 단기간 방문할 수 있고, 외진 마을이나 섬으로 의료 전도 사업을 하기 위해 주말 여행을 떠날 수도 있다. 또는 이러한 치유의 사역을 담당하고 있는 이들을 재정적으로 도울 수 있다. 우리는 이렇게 다양한 방법으로 참여해야 한다. 세계의 인구는 점점 늘어나는 반면 세상은 점진적으로 좁아지고 있다. 한국은 21세기에 주요 선교 인력을 파송하는 나라가 되어야 한다. 한국은 그 잠재력을 가지고 있다.

왜냐하면 한국 교회는

신학적으로 그리스도 중심적이며

애국심이 충만해 있는 민족주의적 교회이며

생명을 가져다준 순교자들이 흘린 피에 대해 인식하고 있으며

식민주의나 간섭 정치를 한 과오가 없으며

문화 장벽의 문제를 해결할 수 있는 자원이 풍부하기 때문이다.

상처 입은 치유자는 기도에 충실하고, 지적이고, 사람들에게 애정 어린 관심을 보이며, 인간 생명의 가치와 존엄성을 높이고, 지역사회에 대한 책임감을 느끼고, 복음을 서슴없이 전할 수 있으며, 희망 없이 사는 모든 사람을 위한 연민의 사역에 참여한다.

상처 입은 치유자들은 그들의 직업적 성공이나 학문적 명성 또는 대중의 인식에 의해서가 아니라 오직 하나님의 종으로서 자신을 내맡기기를 모색한다.

많이 견디는 것과 환난과 고난과 궁핍과

수고로움과 자지 못함과 굶주림 가운데서도

순결과 지식과 인내와 친절과 성령의 감화와 거짓 없는 사랑과

진리의 말씀과 하나님의 능력으로

오른손과 왼손에 의의 무기를 들고,

영광과 수치, 비난과 칭찬을 받으며

속이는 자 같으나 진실하고

죽은 자 같으나 살아 있고

고난으로 징계 받는 자 같으나 죽임을 당하지 아니하고

슬픔 가운데서도 항상 기뻐하고

가난한 자 같으나 많은 사람을 부요하게 하고

아무것도 없는 자 같으나 우리는 모든 것을 가지고 있다.

(참고, 고후 6:3-10)

여러분의 손에 들린 것은 무엇인가? 생명을 구할 수 있는 의술이 아닌가? 여러분의 머릿속에는 무엇이 들어 있는가? 희망을 잃은 각 사람과 가족 그리고 지역사회 전체가 더 나은 삶을 살도록 건강과 온전함에 이르는 길을 보여 줄 수 있는 임상적 판단력이나 지도자적 역량이 아닌가? 여러분의 영혼 속에 있는 것은 무엇인가? 이 지구상에 살고 있는 불쌍한 사람들에게 나타나야 할 그리스도에 대한 불타는 사랑이 아닌가?

손을 들고 고개를 들라. 그리스도를 향하여 여러분의 마음을 들어 올리라. 그리스도로 인하여 치유된 우리의 상처를 가져오라. 하나님의 치유의 능력을 확신하고, 그리스도의 사랑의 상흔을 자랑스럽게 짊어지고, 이제 상처 입은 세상으로 나아가자.

(1981년 3월 9일)

부록 3. 예수병원 이야기

호남 지역 의료선교의 역사는 미국 남장로교 선교의 주된 노력의 결과였으며, 1893년 1월 장로교회 회의에서 한국의 이 지역을 담당한다는 합의에 의한 것이었다. 1892년에 전라도 남서부의 첫 현지 답사를 시작했고 뒤이어 전주성 밖에 있는 집 하나를 26달러에 구입하였다. 주민 25,000명의 이 도시는 전라도의 도성이었으며 그때까지만 해도 북도와 남도로 갈라지지 않았다. 선교부는 1894년 3월 루이스 테이트Lewis Boyd Tate 목사와 그의 여동생 매티 테이트Mattie Tate에 의해 개설되었지만 그해에 동학 혁명이 일어나 도시의 3분의 1이 파괴되었다. 테이트 목사 일행은 당분간 철수해야만 했다. 이들은 1895년 12월에 돌아왔으며 그 이후로 선교부는 내내 존속되었다.

1897년 가을, 노스캐롤라이나주 히커리에 살던 매티 잉골드라는 여의사가 인천 제물포에서 연안 증기 여객선을 타고 내려왔다. 그녀는 군산을 거쳐 두 가마꾼이 짊어진 가마를 타고 전주에 도착하였다. 금강 이남에 처음으로 의료 사업을 시작하기 위하여 혁명의 잔해가 역력한 이 작은 도성에 도착한 이십대 초반의 젊은 여의사의 용기에는 놀라움을 금하지 않을 수 없다. 1년 동안 언어를 배우고, 전주에 도착한 지 한 해가 되는 1898년 11월 3일, 의사 잉골드는 한 초가에 진찰실을 차리고, 첫 5개월 동안 400명의 여자와 어린아이를 진료하였다. 그 후 1902년에 테이트 목사가 가로 11미터, 세로 12미터 크기의 진료소를 세웠다.

의료적 관점에서 볼 때, 능숙한 잉골드 의사의 인술은 칭찬할 만하다. 그 시대에 의사들이 사용할 수 있는 약품류는 현재에 비하면 지극히 제한된 것이었으며 더욱이 그녀는 예산에서나 물품 구매에서 엄청난 제약과 어려움에 부딪혔다. 그녀의 치료 방법 중에는 기본적인 위생과 청결을 유지시키고, 사용기한이 지난 연고나 물고기 비늘을 태워 만든 가루 반죽을 바른 자리를 다량의 비누를 사용하여 씻어 내고, 침 맞은 자리에 고름이 흐르는 것을 세척하는 것 등이 있었다. 그녀는 클로로포름Chloroform을 사용해서 마취를 하여 여섯 살 난 소년의 골반 탈구를 교정하거나 여성의 턱뼈(하악골) 탈구를 교정했고, 감염으로 죽어 가는 여인을 구하기 위해 수술하기도 했다. 그녀는 종기와 종창을 절개하고, 결핵성 농양을 빼내고, 설사와 이질을 치료하고, 화상을 치료하고, 아기를 받고, 박리되지 않은 태반을 배출시켜 주었다.

그러나 회고해 볼 때 잉골드의 의료 사역은 임시적인 것이었다. 한국에 도착하기 전에는 그녀도 병원을 세우기를 꿈꾸었을지 모른다. 그러나 그녀는 최소한 세 가지 요인에 영향을 받았고 이 때문에 자신의 사업을 제한시키게 되었다. 그 요인은 한국 사람들이 외국인에 대해 느끼는 문화적·종교적 소외감, 전도 우선주의의 선교 정책, 그리고 신체적 제한성이었다. 그녀는 대단한 용기를 가진 여성이었지만 남존여비의 전통 사회에서는 호기심과 조소의 대상이었다. 사람들은 외국의 약품과 치료법을 쉽게 받아들이지 않았다. 그녀의 가장 효과적인 도구는 연민이었다. 그녀가 보여 주는 연민의 정과 괄목할 만한 치유로 말미암아 그녀는 점차 전주 시민과 주위 마을 주민들의 인정을 받게 되었고, 1903년까지 해마다 1,500명 이상의 환자를 진료했다. 사랑의 정신과 수많은 시간을 통해 보여 준 근심과 외로운 노력이 마침내 의심의 장벽을 무너뜨린 것이다. 1904년 윌리엄 포사이스가 이 일을 돕기 위해 당도했고, 잉골드 의사는 루이스 테이트 목사와 8년간의 열애 끝에 1905년 결혼하였다. 그 후 그녀는 다른 의사들의 형편이 용이하지 않을 때 응급으로 호출하는 조건으로 봉사했으며 1928년에 은퇴했다.

켄터키주 머서카운티에서 온 포사이스는 장로교 선교 역사상 가장 주목할 만한 '그리스도의 군사' 가운데 한 사람이었다. 동료들은 그를 '약한 자, 소망이 없는 자의 편에서만 생각하는 그리스도의 기사'라고 표현하였다. 그는 아픈 사람, 약한 사람, 노인, 의지할 데 없는 어린아이, 버림받은 사람들, 문둥병자 같은 이들에게 끊임없이 마음을 기울였고, 특별히 그리스도의 구원의 능력을 모르는 사람들에게 더욱 마음을 썼다. 그는 말 그대로 하나님을 위하여 자신을 불태웠다. 그를 아는 한국 사람들이 그를 가리켜 '우리 가운데 다시 오신 예수'라고 일컬었듯이 포사이스는 지치지 않고 끊임없이 고뇌하고 기도하면서 세상의 슬픔과 죄를 자기 마음에 짊어졌다.

1905년 3월, 포사이스는 강도를 만나 심하게 다친 남자를 치료해 달라는 연락을 받고 시골로 내려갔다. 환자의 상처를 치료하고 나니 전주로 돌아오기에는 시간이 너무 늦어져서 그곳에서 숙박하게 되었다. 그런데 그날 밤 강도가 다시 돌아왔고, 포사이스에게 달려들어 칼로 머리를 찌르고 현관 밖으로 차 버려 의식 불명이 되게 하였다. 친구들이 그를 전주로 옮겨 와 치료를 받게 했지만 반복된 수술에도 불구하고 그의 상처는 좀처럼 낫지 않았다. 아마 두개골에 골수염이 진전되었던 것 같다. 그래서 그는 1906년에 건강 회복을 위해 고향으로 돌아갔다. 포사이스는 미국에서 2년을 지낸 후 건강을 되찾아 목포에 새로운 진료소를 개설하는 책임을 맡았고, 전주의 사업은 버지니아 출신의 토머스 대니얼이 맡게 되었다.

그러나 포사이스는 이 드라마에 다시 등장한다. 상황은 이러하다. 한국의 초기 의료선교사 중 한 사람인 오웬은 목사이자 의사로서 목포와 광주에서 봉사했으며 순천에서도 사역을 시작했다. 교회 개척을 위해 시골을 두루 돌아다니던 그는 폐렴에 걸려 광주 제중병원으로 옮겨졌고, 그곳 의사 로버트 윌슨이 그의 생명을 구하기 위해 매우 애를 썼다. 오웬의 병세가 더욱 나빠지자 윌슨은 목포의 포사이스에게 와 달라는 전갈을 보냈다. 포사이스는 말을 타고 길을 떠났다. 광주까지 20킬로미터쯤 남은 지점에서, 그는 나병 말기에 이른 한 여인이 길가에 누워 있는 것을 발견하였다. 포사이스는 "살려 주세요"라고 소리치는 그 여인을 일으켜 세웠고, 광주까지 그의 말에 이워 병원으로 데리고 왔다. 하지만 다른 환자들의 아우성 때문에 그 여인을 병원 안으로 들일 수가 없어서, 진료소 건물을 지을 때 사용했던 벽돌 가마에 임시 거처를 마련해야 했다. 윌슨과 포사이스는 이곳에, 결국 사망한 오웬이 생전에 시골에서 사용했던 휴대용 간이침대를 이용하여 여인의 병상을 만들었다. 추위를 피할 은신처를 마련해 주고 상처를 씻어 준 이들의 노력에도 불구하고 2주 후 이 여인은 숨을 거두고 말았다. 그러나 이 일로 광주 선교 역사에는 일대 변화가 일었다. 남루하고 불결하고 머리에 빗질 한 번 하지 않은 듯한 여인을 데리고 와서 어머니를 대하듯 정성껏 보살핀 포사이스의 모습은 윌슨과 그의 동료들을 감동시켰고 마침내 이 불운한 사람들을 위한 윌슨의 사역이 시작되었다. 1911년에 나병 환자를 위한 집이 개설되었고, 1925년에는 환자 600명을 수용할 수 있는 시설로 성장하였으나 결국 광주 시민들이 항의를 하고 일어났다. 요양원은 선교 역사상 명소가 되었다. 윌슨은 이 지역에서 선구적인 사업을 벌인 공로로 일본 황제로부터 훈장을 받기도 했다.

그러므로 포사이스는 당시 설립되어 오늘날까지 남아 있는 세 주요 기관, 즉 전주 예수병원, 광주기독병원, 여수애양병원 간에 연결 고리를 지어 주었다. 많은 사람이 초기 의료 개척자들의 뒤를 따랐다. 전주에서는 의사 대니얼, 로버트슨, 티몬스, 보그스가 뒤를 이었고, 광주에서는 윌슨이 여수로 옮겨 갔을 때 의사 루이스 브랜드Louis Brand가 제중병원의 사업을 떠맡았다. 순천의 로저스 선교사는 한쪽 팔에 장애가 있었지만 그럼에도 불구하고 괄목할 만한 외과의로서, 1934년에는 환자들의 입원 일수가 32,950일에 달할 정도로 지극히 바쁘게 진료 활동을 하였고 목포, 군산, 광주, 전주 네 병원을 합해서는 그 이상의 실적을 거두었다. 그러나 불행히도 1933년에는 광주기독병원이, 1935년에는 전주 예수병원이, 그리고 같은 시기에 나환자촌 교회가 화재로 소실되었다.

포사이스의 부상으로 군산에서 전주로 옮겨 온 대니얼은 처음으로 병원다운 병원을 지었다. 그러나 아시아의 다른 나라에 페스트가 발생하여 노동자들이 일본에서 들어오지 못하게 되고 중국의 계약 근로자들이 도착하지 못하는 등 건축 과정에 많은 어려움을 겪어야만 했다. 새로운 건물은 1912년에 봉헌되어 1935년 화재로 소실될 때까지 사용되었다. 임상 프로그램을 계속 개발한 대니얼은 의학 교육에 관심을 보인 남장로교의 첫 번째 의료선교사 중 한 사람이었다. 그러나 점점 건강이 나빠져 결국 1916년에 교육을 위해 세브란스병원으로 옮겨 갔다. 그의 후임으로는 잠시 있었던 로버트슨에 이어, 사우스캐롤라이나주에서 온 티몬스가 1922년부터 1925년까지 봉사하였다(티몬스는 1912년부터 1913년까지 1년 동안 대니얼과 함께 일한 후 순천에 알렉산더 병원을 세우기 위해 내려갔으나, 당시의 많은 선교사들이 그랬듯이 열대성 스프루에 걸려 1916년에 고향으로 돌아갔다가 다시 한국에 들어왔다).

1924년에 보그스가 당시 '야소병원'으로 알려진 전주 선교병원으로 왔다. 그는 '요한복음 3장 16절 의사'로 알려졌다. 그는 자기가 아는 한국말을 사용하여 열심히 전도했으며 이 성경 말씀은 환자들에게 그리스도에 대하여 이야기하는 중요한 도구였다. 겨우 40병상밖에 안 되는 병원이었지만 1930년에 724명의 환자가 그리스도를 영접했다고 보고되어 있다. 1934년에 이 병원은 화재로 인해 완전히 소실되었으나 인명

피해는 없었고 1935년에 이 지방 그리스도인들의 귀한 헌금으로 다시 건축할 수 있었다.

선교 사역은 일본 군국주의의 강화와 신사 참배 문제로 점점 어려워졌다. 1937년 9월 7일 모든 기독교 학교가 문을 닫았다. 1940년 10월, 모든 기독 병원은 일본 제국이 원하는 대로 참배소를 설치하느니 차라리 폐원하기를 선택했다. 이는 실로 가슴 아픈 결정이었지만, 십계명을 어기는 문제와 타협할 수는 없었다. 그해 11월에 대부분의 장로교 선교사들은 증기선 마리포사Mariposa호를 타고 철수하였으나 윌슨 부부를 포함하여 일곱 명의 남장로교 선교사들은 머물도록 선정되었다. 1941년 12월 7일 태평양 전쟁이 발발하였을 때 탈마지 목사는 4개월간 투옥되었지만 선교부 재산을 일본에 넘기는 데 서명하지 않았다. 독방에 감금되어 심문받고 위협을 받으면서도 그는 선교부 재산을 이양하라는 압력에 굴복하지 않았다. 그는 1942년 4월에 석방되어 미국으로 돌아갔다. 귀향하는 여객선에서 탈마지는 선교부 재산 포기를 강요받았던 시련을 회상하면서 "재산을 고스란히 지킬 수 있도록 하신 하나님의 특별한 섭리는 훗날 하나님이 어떤 특별한 목적으로 이를 사용하실 것이라는 느낌을 가지게 했다"라고 말했다.

오늘날 그의 신실함의 결과로 세 곳의 의료 기관, 여덟 개의 학교, 셀 수 없이 많은 교회들이 그리스도를 증거하면서 우뚝 서 있다.

1946년, 선교사들이 한국으로 돌아오기 시작했다. 한동안 전주의 병원은 전도 사업 경험이 풍부한 선교사 린턴W. A. Linton이 주관하는 위원회에서 운영했다. 삼례 출신의 그리스도인 한국 군의관인 송대석 장로의 제안으로, 병원의 이름이 한자 음역어를 딴 '야소병원'에서 좀 더 직접적인 한글 표현 방식인 '예수병원'으로 바뀌었다. 그럼으로써 병원에 영광과 책임이 지워졌고 그때부터 병원은 그리스도의 이름에 합당하도록 힘써 왔다.

순천에서 어린 시절을 보낸 폴 크레인은 중국에서 성장한 부인 소피 크레인Sophie Montgomery Crane과 함께 외과 의사로서 1947년에 한국으로 돌아왔다. 의사 크레인과 간호사 마거릿 프리처드는 선교회로부터 전 남장로교 선교 지역을 시찰해 보라는 요청을 받았다. 이들은 전주에 수련 병원을 세워 선교회가 그 노력을 강화해야 한다고 권고했는데 왜냐하면 한편으로 의학적으로 그 필요성이 커 보였기 때문이고 다른 한편으로는 전주 시민들이 보여 준 호의적인 지원 때문이었다. 건물을 개수하고 장비를 설치하는 데는 엄청난 노력이 요구되었다. 병원은 1948년 4월 1일에 45병상을 갖추고 문을 열었다. 크레인은 처음 11개월 동안 338건의 대수술을 했다. 그의 첫 외과 수술 환자는 서문교회 김세열 목사였다. 한국에서 최초의 인턴 수련 제도가 김영우, 이근영, 임경열, 송정석, 최일훈 의사가 도착한 다음해 봄부터 시작되었다. 1950년 6월 1일 간호학교와 병원의 새로운 건물을 짓기 위한 정초식*이 동시에 거행되었다. 그러나 그날의 흥분도 잠깐뿐이었다. 왜냐하면 6월 25일, 선교회가 전주에서 정기 총회로 모였을 때 한국전쟁이 발발했다는 전

- 定礎式. 건물 기초 공사를 마친 후 기초의 모퉁이에 머릿돌을 설치하여 공사 착수를 기념하는 서양 의식(표준국어대사전) – 편집자.

같이 왔기 때문이다. 미국인 직원들이 철수한 후에 크레인과 그의 동료 의사 부시Dr. Ovid Bush가 돌아왔으나, 북한군이 논산에 이르렀기 때문에 크레인과 부시는 수술용 봉합사 같은 비싼 물품들을 땅속에 묻고 환자들을 집으로 돌려보낸 후 낡은 포드 자동차를 몰고 남쪽으로 향했다. '격전지 사이의 땅'을 지나 부산 근방에 도착하기 위해서였다. 공산군은 병원의 물품들을 모조리 치워 버리고 병원을 감옥으로 만들어 버렸다. 그리고 간호학교 정면에 있는 십자가 상징을 없애 버리려 했지만 그들이 지워 버리려고 할수록 십자가는 더욱 뚜렷이 나타났다. 그것은 그리스도의 사역이 전주에서 사라질 수 없다는 표징이었을 것이다.

북한군의 보급로를 차단하기 위한 맥아더 사령관의 인천 상륙 작전 후 1950년 10월에 크레인이 다시 병원을 맡게 되었다. 전쟁으로 인한 사상자들과 피난민을 돌보는 일은 병원의 모든 재원을 동원하고 신실한 직원들이 힘을 다해도 너무나 벅찬 일이었다.

크레인 부부는 미국에서 안식년을 보내는 중에 뉴올리언스에 있던 우리 부부를 방문했다. 외과 레지던트 과정을 밟고 있었던 나는 당시 한국의 시급한 의료 상황을 돕기 위해 크레인과 합류하여 한국에 가기로 동의했다. 1954년 4월 18일 한국에 도착한 우리는 폐허가 된 땅, 그러나 친절한 사람들, 그리고 수많은 고통스런 광경을 목격했다. 임상 병리사인 아내는 검사실의 책임을 떠맡았고 나는 외과 의사로 부임했다. 1년이 못 가서 나는 결핵에 걸렸고, 아내는 둘째 아이 출산 후 얼마 안 지나 요추 추간판 탈출증이 발병했다. 이 기간 동안 나는 병상에 누워서 한국말을 공부했고 아내는 조직 검사실을 개설했다. 그러나 이러한 건강상의 문제들 때문에 결국 우리 부부는 1957년에 요양 휴가를 위해 본국으로 돌아가야 했다. 대부분의 선교사들은 우리가 다시 돌아오지 않으리라고 생각했지만 많은 암 환자의 상태가 악화되어 있는 것을 보고 나는 사명감을 느꼈다. 아내가 두 번의 척추 대수술을 받는 동안 나는 악성 종양 환자를 돌보기 위한 좀 더 고도의 훈련을 받기로 결심하고 뉴욕에 있는 메모리얼 슬로언 케터링 암 센터 Memorial Sloan-Kettering Cancer Center에서 수련을 받았다. 아내는 세포학 수련을 받았고 우리는 다시 1960년 말에 한국에 돌아왔다. 그리고 뒤따라 종양 진찰실을 개설하고 암 등록 제도를 시작하였다.

회고해 보면 구 병원에서 애쓰던 날들은 행복한 나날이었다. 우리에게는 박영훈, 임경열, 윤호영, 이근영, 소진명, 프랭크 켈러(간호사 재닛 탈마지 Janet Talmage와 결혼한), 조앤 스미스 Joanne Smith T.와 같은 훌륭한 동료들이 있었다. 비록 외과에 중점을 두기는 했지만 소아과, 내과, 이비인후과, 안과도 점차 깊이를 더해 갔다. 안과는 정영태 의사에 의해 시작되었는데 그는 1976년 부원장을 거쳐 1987년에 병원장이 되었다. 중국계 미국인 심장 전문의 주보선 David Chu은 간호사 출신 부인 게일 Gail과 함께 1967년에 우리 팀에 합류했다. 메릴 그럽스(권익수)는 병원 경영과 행정 분야의 훈련을 받고 합리적인 재정 관리를 맡기 위하여 1961년 부인 알마 Alma(권애순)와 함께 우리 병원으로 왔다. 크레인 여사는 미화부와 자원 봉사단을 시작하였다. 150병상의 구 병원은 병실 통로에 15병상 또는 20병상을 더 설치했는데도 항상 만원이었다. 얼마 가지 않아 병원은 더 이상 확장할 공간이 없었고, 우리는 병원 이전의 필요성에 직면했다. 사랑받던 소아과 의사 켈러는 '약속의 땅'을 결국 보지 못했다. 그는 관상동맥폐쇄증으로 1967년 1월 하순 어느 날 오후 세상을 떠났다. 앤드류 박Dr. Andrew Pak은 신의주에서 온 피난민이었는데 신경외과 의사가 되었으나 새 병원 건물이 신축된 후 대뇌동맥류 파열로 세상을 떠났다. 다른 많은 직원들도 예수병원의 설립 목적을 위해 최선을 다해서 그리스도 안에서 봉사하다가 세상을 떠났다.

1967년에서 1971년 사이에 새로운 의료원을 건축할 수 있게 해 주었던 사건들을 회고해 보면 하나님의 섭리에 놀라지 않을 수 없다. 시내에 사는 우리 친구들 중 몇 사람은 그것을 '용머리 고개의 기적'이라고 불렀다. 1달러가 4달러가 되고 그래서 70만 달러가 280만 달러가 되어 현대식 의료원을 건축하기에 충분할 만큼 하나님이 미국 교회 교인들의 헌금을 배가시키시는 것을 우리는 목격했다. 물론 이 점에서 가장 중요한 요인 가운데 하나는 서독의 본Bonn에 있는 기독교 개발 원조단이었다. 그러나 우리가 이 일을 시작하기까지는 오래 기다려야 했고 많은 믿음이 요구되었으며 많은 좌절이 우리를 시험했다. 이 수년 동안, 우리와 함께 봉사하러 온 존 윌슨이 우리를 지역사회 보건이라는 새로운 방향으로 이끌어 주었다. 새로운 의료원이 건축될 수 있으리라는 확신을 가지고 있었을 즈음 우리 주변의 지역사회에 건강관리를 제공하는 역할을 수용하기 위한 기본 프로그램의 성격을 바꾸기 위해 공동 협약을 맺었다.

22년간 봉사한 구 병원장 폴 크레인이 1969년에 사임할 때까지만 해도 독일로부터 원조에 대한 보장은 아직 불확실했다. 크레인이 갑작스럽게 떠나고 난 다음 여름 동안, 주님은 그때까지 해결되지 못했던 원조 승인의 장애물들을 없애 주셨고, 1969년 10월 10일에 드디어 기쁜 소식이 도착했다. 본에서 온 전보에는 "원조 승인, 축하합니다!"라고 쓰여 있었다. 나는 이근영 의사에게 "예배실 종을 울려서 모두에게 알리시오"라고 말했다. 그 후로, 계획하고 건축하고 우리 공동의 꿈을 이루기 위해 삶과 정력을 고스란히 쏟아부으며 재조직하는 몇 년이 소요되었다. 한국의 서남부에 아름다운 치유의 센터를 건립하기 위한 꿈을 이루기 위해서였다. 이곳에 우리는 전문적이며 유능한 것 못지않게 연민의 정이 넘치고, 과학적인 것 못지않게 선교에 충실한 의료원을 세우고자 하였다. 개인으로서만 아니라 가족의 일원으로서 그리고 공동체의 한 부분으로서 우리들은 고난과 고통을 당하는 사람들에게 관심을 가짐으로써 하나님 자신과 같은 성품을 나타내 보이고자 하는 예수 그리스도의 의료인 증인들의 공동체를 함께 이루고자 하였다.

그것은 사랑의 수고였다. 내가 알기로 세 분의 의사와 세 분의 간호사가 우리 병원에서 선교사로 일하는 중에 한국에서 세상을 떠났다. 또한 기록은 남아 있지 않지만 이 목적을 위해 자기 생명을 바친 한국인 의사, 간호사, 의료 기사들이 수없이 많이 있다. 기타 의료 종사자 및 일반 직원의 수는 헤아릴 수 없을 만큼 많다. 나는 1906년 포사이스가 머리 상처의 치료를 위해 귀국할 때 남긴 말을 기억한다. 그것은 우리 연약함의 고백이며 그리스도의 이름으로 행해지는 모든 연민 어린 행위가 반드시 열매를 맺을 것이라는 우리 믿음에 대한 간증이었다. "일들이 잘되도록 하기 위해 노력을 기울였음에도 불구하고 불완전함과 시행착오는 여전히 아주 많다. 그러나 비록 그것이 불완전하다 할지라도 주님의 이름으로, 주님을 위해 바치는 사랑의 수고는 결코 헛되지 않으리라는 것을 우리는 겸손히 말하려 한다."

(1984년 6월 설대위 의사가 쓴 것을
1989년 7월 18일 설매리 여사가 추가하여 다시 씀.)

저자 약력

1925. 4. 4.	미국 플로리다주 브레이든턴에서 출생
1925-1934	선교사였던 부모와 함께 칠레 산티아고에서 생활
1935-1940	선교사였던 부모와 함께 콜롬비아 보고타에서 생활
1940-1943	브레이든턴에서 이모와 생활
1943	브레이든턴에서 매너티카운티 Manatee County 고등학교 졸업
1943-1948	루이지애나주 뉴올리언스의 툴레인 의과 대학 Tulane University School Of Medicine 졸업
1949	뉴올리언스 자선병원 Charity Hospital에서 인턴 수료
1949. 5. 18.	메리 러비니어 배철러 Mary Lavinia Batchelor와 결혼
1949-1950	미 해군 군의관으로 복무
1950-1953	뉴올리언스 자선병원에서 외과 전공의 수련
1953	미국 남장로교 장로로 피택되어 한국 선교사로 파송
1958-1960	뉴욕 메모리얼 슬로언 케터링 암 센터에서 종양 외과 수련
1961	예수병원에 종양 진찰실 개설
1963	한국 최초로 암 환자 등록 사업 시작
1969	예수병원 병원장으로 취임, 전주 시온교회 장로로 장립
1973-1974	텍사스주 휴스턴 MD 앤더슨 암 센터 The University of Texas MD Anderson Cancer Center에서 두경부 종양 외과 수련
1976-1990	예수병원 간호전문대학 이사장
1978	대한민국 국민훈장 목련장 수상

1981	소아마비 퇴치 사업 전개
1984-1986	대한두경부종양학회 창립 및 초대 회장 역임
1985. 5.	예수병원 부설 기독의학연구원 설립
1987. 6. 13-1989	예수병원 의료원장, 기독의학연구원장
1990-2004	은퇴 후 미국 노스캐롤라이나 몬트리트의 퇴직 선교사 마을에서 생활
1997	한미협회 한미우호상 수상, 전라북도 명예도민증 선정
1998	건국대학교 상허대상 수상
2001	대한적십자사 인도장 금장 수상
2004. 8.	예수병원에 암 치료 장비인 고에너지 선형가속기 기증
2004. 11. 21.	앨라배마 버밍햄에서 소천

저서

Does My Father Know I'm Hurt? (1971). 『아버지는 내 아픔을 아시는가?』(생명의말씀사).

Challenge & Crisis in Missionary Medicine (1979). 『상처 입은 세상, 고통받는 사람들 곁으로』(IVP).

Suffer the Children (1996).

For Whom No Labor of Love Is Ever Lost (1999). 『꺼지지 않는 사랑의 불씨: 예수병원 100년사』(예수병원).

『만유의 으뜸이신 그리스도』(*In All Things Christ Pre-eminent*, 좋은씨앗: 2012).

일반 외과 및 두경부 종양학 분야의 논문 다수

옮긴이 김민철은 내과(혈액종양) 의사로 설대위 선교사가 병원장일 때 예수병원에서 수련 받았고 나중에는 병원장으로 일했다. 미국 MD 앤더슨 암 센터, UAB 호스피스 완화의료센터에서 연수했으며 지금은 대자인병원의 혈액종양내과에서 진료하고 있다. 르완다 난민 구호, 나이지리아 선교사(SIM), 한국누가회(CMF) 이사장, 난민인권센터 대표, 밴쿠버기독교세계관대학원(VIEW) 객원교수, 한국 인터서브 선교회의 이사장을 역임했으며, 「의료와 선교」, 「누가들의 세계」를 편집하기도 했다. 저서로 『아무 것도 남기지 않고 모든 것을 남긴 의사 주보선』(IVP), 『성경의 눈으로 본 첨단의학과 의료』(아바서원), 『의료, 세계관이 결정한다』(한국누가회출판부), 공동 저서로 『문서선교사 웨슬리 웬트워스』(IVP), 『한국사회 발전과 기독교』(예영), 번역서로 『의료의 성경적 접근』(한국누가회출판부), 『꺼지지 않는 사랑의 불씨』(예수병원) 등이 있다.

상처 입은 세상, 고통받는 사람들 곁으로

초판 발행_ 1997년 7월 30일
개정판 발행_ 2024년 1월 30일

지은이_ 설대위
옮긴이_ 김민철
펴낸이_ 정모세

펴낸곳_ 한국기독학생회출판부
등록번호_ 제2001-000198호(1978. 6. 1)
주소_ 04031 서울시 마포구 동교로 156-10
대표 전화_ (02)337-2257 팩스_(02)337-2258
영업 전화_ (02)338-2282 팩스_ 080-915-1515
홈페이지_ http://www.ivp.co.kr 이메일_ ivp@ivp.co.kr
ISBN 978-89-328-2230-3

ⓒ 한국기독학생회출판부 1997, 2024

책값은 뒤표지에 있습니다.
무단 전재와 복제를 금합니다.